Praktische Anleitung für
Wochenendväter

GERALD DREWS

Praktische Anleitung für
Wochenendväter

Trotz Trennung Vater bleiben

Bibliografische Information der Deutschen Nationalbibliothek
Die Deutsche Nationalbibliothek verzeichnet diese Publikation
in der Deutschen Nationalbibliografie; detaillierte bibliografische
Daten sind im Internet über http://dnb.d-dnb.de abrufbar.

Originalausgabe:
© 2008 vgs
verlegt durch EGMONT Verlagsgesellschaften mbH,
Gertrudenstraße 30–36, 50667 Köln
Alle Rechte vorbehalten

1. Auflage der aktualisierten Neuausgabe
Redaktion: Cindy Witt
Lektorat: Ralf Schmitz
Produktion: Helga Everhartz
Umschlaggestaltung:
HildenDesign, München, www.hildendesign.de
Satz: Hans Winkens, Wegberg
Druck & Verarbeitung: CPI – Clausen & Bosse, Leck
ISBN 978-3-8025-1780-8

www.vgs.de

Inhalt

3 | RECHTLICHES

4 | RUND UM DEN UNTERHALT

5 | RAT UND HILFE

Anmerkungen

Dieses Buch ist ein Ratgeber, der den Gang zu einem Experten – ob rechtlicher, therapeutischer oder erzieherischer Art – im Zweifelsfall nicht ersetzen kann. Alle Ratschläge wurden nach eingehenden Recherchen, bestem Wissen und Gewissen erarbeitet. Eine juristische Haftung des Autors kann jedoch aus den in diesem Buch enthaltenen Hinweisen, Ratschlägen und Anregungen nicht abgeleitet werden. Bei den zur Reform des Kindschaftsrechts zitierten Gesetzestexten handelt es sich jeweils um die am 1. Juli 1998 in Kraft getretene Fassung. Stand der Recherche ist der 1. Mai 2008.

Rund 90 Prozent aller nicht betreuenden Elternteile sind Männer. Aus diesem Grund spreche ich diese direkt an, um bürokratische Sprachregelungen möglichst zu vermeiden. Der im Buch angesprochene Vater ist also der Wochenendvater, die Mutter ist die sorge- bzw. aufenthaltsbestimmungsberechtigte Mutter. Mir war daran gelegen, in diesem Buch für eine möglichst lesbare Sprache zu sorgen. Selbstverständlich richtet sich das Buch auch an ›Wochenendmütter‹, also Mütter, die das Umgangsrecht für ihre Kinder haben. Da mir die sogenannte ErzieherInnen-Sprache, in der ›aus Prinzip‹ beide Geschlechter erwähnt werden müssen, nicht sehr sympathisch ist, hoffe ich, dass dieser Hinweis ausreicht. Im Übrigen lege ich Wert darauf, zwar ein Buch aus Männersicht geschrieben zu haben, aber keinesfalls ein frauen- oder mütterfeindliches Buch.

Danksagung

Ich danke allen, die mir bei der schwierigen Arbeit an diesem Buch geholfen haben. Schwierig deshalb, weil ich die Balance finden musste zwischen persönlicher Betroffenheit und journalistischer Distanz. Fachliche Unterstützung fand ich namentlich vor allem bei dem Juristen und Familienrechtsexperten Holger Partikel und der Diplom-Psychologin Ursula Kodjoe sowie bei Otto Zsok, der sich sehr für dieses Projekt engagiert und es auf Aktualität gegengelesen hat. Den aktuellen Unterhaltsteil hat der Rechtsanwalt Jan Schultze-Melling, Verfasser zahlreicher populärer Rechtsratgeber und bewährter Helfer in vielen juristischen Lebenslagen, beigesteuert.

Geholfen haben mir die Väterorganisation paPPa.com mit vielen Daten und Fakten, vor allem aber auch Dutzende von Vätern, mit denen ich bei meinen Recherchen persönlich, telefonisch oder schriftlich in Kontakt getreten bin. Viele haben meinen ausführlichen Fragebogen zur Vorbereitung dieses Buchs akribisch und gewissenhaft beantwortet und mir wertvolle Tipps gegeben, die – teilweise als wörtliche Zitate – in diesen Text eingeflossen sind. Die Antworten habe ich so weit wie möglich unverändert gelassen. Ich finde, die Liebe dieser Väter zu ihren Kindern spricht aus jeder – unverfälschten – Zeile. All diese Reaktionen haben mir außerdem gezeigt, wie wichtig dieses Thema ist.

DANKSAGUNG

Ich danke meiner Frau Christiane Schlüter für ihre Geduld, Liebe und die kritische und verständnisvolle Unterstützung meiner Arbeit.

Aufrichtig dankbar bin ich Irene, der Mutter unserer gemeinsamen Kinder, für all das, was sie ihnen Gutes tut.

Vorwort

»Alles hat seine Stunde. Für jedes Geschehen unter
dem Himmel gibt es eine bestimmte Zeit: eine Zeit
zum Gebären und eine Zeit zum Sterben; eine Zeit zum
Pflanzen und eine Zeit zum Abernten der Pflanzen,
eine Zeit zum Töten und eine Zeit zum Heilen; eine Zeit
zum Niederreißen und eine Zeit zum Bauen, eine Zeit
zum Weinen und eine Zeit zum Lachen; eine Zeit für die
Klage und eine Zeit für den Tanz, eine Zeit zum Steine-
werfen und eine Zeit zum Steinesammeln, eine Zeit
zum Umarmen und eine Zeit, die Umarmung zu lösen,
eine Zeit zum Suchen und eine Zeit zum Verlieren, eine
Zeit zum Behalten und eine Zeit zum Wegwerfen, eine
Zeit zum Zerreißen und eine Zeit zum Zusammennähen,
eine Zeit zum Schweigen und eine Zeit zum Reden,
eine Zeit zum Lieben und eine Zeit zum Hassen, eine
Zeit für den Krieg und eine Zeit für den Frieden.«
ALTES TESTAMENT, DER PREDIGER SALOMO
(KOHELET), 3, 1–8

Liebe Leserin, lieber Leser,

auch wenn sich dieses Buch in erster Linie an Väter richtet, so ist
es letztlich als Buch für alle Männer und Frauen, für alle Väter
und Mütter gedacht, die ihre Elternverantwortung ernst nehmen.

Selbst wenn Eltern sich als Liebes-, Ehe- oder Lebensabschnitts-paar voneinander verabschieden: Als Elternpaar tragen sie so lange Verantwortung, gemeinsame Verantwortung, bis ihre Kinder flügge geworden sind. Das ist ein Kernsatz dieses Buches. Er wird Ihnen immer wieder begegnen. Und ich stelle ihn deshalb auch bewusst ganz an den Anfang.

Bei allen Verletzungen, die sich ein Paar im Trennungsprozess zufügt und unter denen es selbst leidet: Behalten Sie das Wohl Ihrer Kinder im Auge. Versuchen Sie zu unterscheiden zwischen der Paar-Ebene, also zwischen dem, was mit Ihnen als Paar schief-lief, und der Eltern-Ebene, auf der Sie unter allen Umständen weiter im Kontakt bleiben sollten. Dies ist eine der schwersten, aber wichtigsten Aufgaben in Ihrem weiteren Leben.

Ich weiß, wovon ich spreche. Denn dieses Buch, auch wenn es sich als journalistischer Ratgeber versteht, ist nicht zuletzt aus persönlichen Erfahrungen (und vielen, oft aus Unwissenheit und Unvermögen und deshalb auch mitunter schuldhaft gemachten Fehlern) heraus entstanden. Ich will auf den nächsten Seiten ver-suchen, diese Erfahrungen und die daraus gewonnenen Erkennt-nisse an Sie weiterzugeben.

Oft erkennen Väter erst zu dem Zeitpunkt, da ihre Kinder nicht mehr regelmäßig um sie herumwuseln, was sie zu verlieren haben. Wie sie diesen Schatz bewahren können, zu dessen Entste-hung und Aufwachsen sie mehr beizutragen haben, als sie oft wis-sen oder wahrhaben möchten – das möchte ich auf den nächsten Seiten aufzeigen. Dies ist kein Buch, in dem es um schmutzige Wäsche, Schuldzuweisungen, Gejammer und Beziehungsdesas-ter geht. Es soll vielmehr beleuchten, warum es auch für uns Wochenendväter so wichtig, ja unverzichtbar ist, für unsere Kin-der da zu sein, komme, was wolle.

Und es soll ein Mutmach-, Mitmach- und Nachmachbuch sein – ein kleiner Helfer für eine Lebensphase, in der man(n) meist ziemlich nackt, dumm und hilflos dasteht: in der Lebensphase der Trennung und Scheidung.

Ein Buch allein wird Ihnen kaum durch diese schwierige Zeit helfen. Sie brauchen gute Gesprächspartner, jemanden, der Ihnen zuhört, der Sie versteht, vielleicht sogar professionelle Hilfe in Form einer Therapie. Ratschläge von guten Freunden mögen erhellend und nützlich sein, kommen aber teilweise völlig anders an, als sie gemeint sind. In Trennungssituationen neigen die Betroffenen dazu, Koalitionen zu bilden, die sie in ihrer Wut, in ihrem Zorn und in ihren Rachegelüsten bestätigen. Da heißt es aufpassen. Denn wer Sie zusätzlich aufstachelt und Ihnen hilft, den anderen zu verletzen oder zu treffen, der ist, mit Verlaub gesagt, ein falscher Freund. Wahre Freunde sind loyal, aber kritisch. Sie werden versuchen, Ihnen auch die andere Seite begreiflich zu machen. Und sie werden Ihnen klarmachen, dass Sie die Hauptarbeit sowieso alleine erledigen müssen.

Dass Ihnen dieses Buch ein hilfreicher Begleiter sein möge, wünscht Ihnen und Ihren Kindern, aber auch sich selbst,

Ihr Gerald Drews,

der dieses Buch seinen beiden lieben und tollen Söhnen Matthias und Markus widmet.

1 | PSYCHOLOGISCHES

Ein paar harte Fakten

Wochenendväter – es werden immer mehr

> Für die Kinder bleiben die Eltern immer Eltern,
> andere haben sie schließlich nicht.
>
> PETER

Die Zahl der Wochenendväter steigt unaufhaltsam. Leider. Ich selbst bin seit 1997 geschieden und habe aus dieser Ehe zwei Söhne, Jahrgang 1986 und 1992. Eine Beinahe-Mehrheit sind wir Wochenendväter inzwischen deshalb, weil in Deutschland heutzutage fast jede zweite Ehe durch Scheidung wieder aufgelöst wird. 1999 lag die Quote bei 43 Prozent, in Großstädten sogar noch klar darüber! Waren es 1991 noch rund 136 000 Ehepaare jährlich, die nichts mehr voneinander wissen wollten, so näherte sich Ende der 1990er Jahre die Zahl der 200 000er-Grenze und überschritt sie seit der Jahrtausendwende kontinuierlich: 2003 war das Rekordjahr mit 214 000 geschiedenen Ehen, 2005 waren es immerhin noch 201 693 Paare, die sich scheiden ließen (Quelle: Statistisches Bundesamt). Dabei sind die Trennungen unverheiratet miteinander lebender Paare nicht einmal berücksichtigt. Nach den Ergebnissen einer ›kleinen Volkszählung‹, des sogenannten Mikrozensus, gibt es darüber hinaus in Deutschland zurzeit auch noch rund 1,3 Millionen Männer und Frauen, die zwar noch miteinander verheiratet sind, aber voneinander getrennt leben, oft mit neuen Partnern.

Besonders dramatisch: In diesen Trennungs- und Scheidungssog werden jährlich fast 150 000 minderjährige Kinder hineingezogen. Stieg diese Zahl zwischen 1991 – also der Zeit nach dem Mauerfall – und 2003 kontinuierlich von knapp 100 000 auf über 170 000, so sank sie bis zum Jahr 2006 wieder auf knapp unter 150 000. Schätzungsweise 91 Prozent der Kinder wohnen bei ihren Müttern. Zwischen 1980 und 2003 wurden in Deutschland insgesamt 3,4 Millionen Minderjährige zu Scheidungskindern, sagt das Statistische Bundesamt.

Mit dem neuen Kindschaftsrecht hat der Gesetzesgeber zu verstehen gegeben, dass er begriffen hat: Eltern kann man nicht entsorgen. Eltern müssen in die Pflicht genommen werden, gemeinsam für ihre Kinder zu sorgen. Das ist zweifelsohne der richtige Weg. Es ist aber auch ein langer, steiniger Weg. Allerdings ist die Zahl, in denen beiden Eltern das Sorgerecht zugestanden wird, seit Inkrafttreten des Gesetzes 1998 erheblich gestiegen.

Laut Statistischem Bundesamt gab es im Jahr 2000 genau 87 630 Sorgerechtsverfahren, in 60 771 Fällen wurde das Sorgerecht beiden Eltern automatisch übertragen, da kein Antrag vor Gericht gestellt wurde. Von den 26 859 Fällen, in denen das Gericht über das Sorgerecht entscheiden musste, ging es in 20 % der Fälle auf beide Elternteile über, in 71 % der Fälle auf die Mutter und nur in 5 % der Fälle auf den Vater. Im Jahr 2003 gab es 99 029 Sorgerechtsverfahren, in 83 230 Fällen kam es ohne Gerichtsbeschluss zum gemeinsamen Sorgerecht. Von den übrigen 15 799 Fällen erhielten in 15 % der Fälle beide Eltern, in 74 % der Fälle die Mutter und in 6 % der Fälle der Vater das Sorgerecht.

Dies zeigt zum einen, dass das Gesetz greift, da in rund 85% der Fälle beide Eltern für das Kindeswohl verantwortlich gemacht werden. Es zeigt aber auch, dass nur in den seltensten Fällen Vätern das alleinige Sorgerecht zugesprochen wird. Die Entscheidungen der Richter spiegeln somit eine gesellschaftliche Realität wider. Denn es sind, allen politischen Diskussionen zum Trotz, kaum mehr als 10% der Väter, die ihren Anspruch auf ›Vätermonate‹ wahrnehmen. Bevor 2007 das Elterngeld eingeführt wurde, lag die Zahl bei höchstens 2%. Wenn man den Umfragen Glauben schenken darf, ist jedoch mindestens jeder dritte Vater bereit, sich hier stärker zu engagieren. Warum zwischen Anspruch und Wirklichkeit eine so große Lücke klafft – das zu ergründen wäre ein ganz eigenes Thema. Fakt ist jedoch, dass das Gros der Angestellten und Arbeiter wohl deswegen nicht in die Offensive geht, weil schlicht und einfach die Angst um den Job zu groß ist.

Näheres zum Thema ›Elterngeld‹ finden Sie unter dem Informationsportal **www.elterngeld.net**

Kinder sind kein Besitz ihrer Eltern!

Kinder können nicht wie ein Gegenstand verhandelt und hin und her geschoben werden. Ein Kind gehört weder Vater noch Mutter, es gehört sich selbst und ist nur vorübergehend einem Mann und einer Frau anvertraut, die durch das Kind Eltern geworden sind. Kein Zufall, dass es das Wort Eltern im Deutschen nur im Plural gibt!!

Vater und Mutter haben mit der Entscheidung, ein Kind zu bekommen, die Verantwortung übernommen, für dessen Wohlergehen zu sorgen. Das Kind hat ein Recht darauf, versorgt zu werden. Die Eltern haben die Pflicht, für das Kind zu sorgen. Dabei müssen Sie als Eltern abwägen, welche Art des Sorgerechts für alle Familienmitglieder praktikabel ist und welche psychisch und physisch verantwortet werden kann.

Der Kampf ums Sorge- und Umgangsrecht

Trotz des neuen Sorgerechts – darauf gehe ich im zweiten Teil dieses Buches ausführlich ein – bestimmt die Mutter im Alltag praktisch allein über die Kinder. Denn selbst wenn das gemeinsame Sorgerecht vereinbart ist, entscheidet eine andere Regelung, wie das faktische Zusammenleben von Vater und Kind aussieht: das sogenannte Aufenthaltsbestimmungsrecht. Und da die Kinder in der Regel bei der Mutter wohnen, kann sie beispielsweise mit den Kindern umziehen, wohin sie will, selbst wenn dies sehr weit entfernt vom Wohnort des Vaters ist.

Was bedeutet dies für Väter, wenn die Ehe geschieden wird und das Recht der elterlichen Sorge von einem Augenblick auf den andern ausschließlich der Mutter zugesprochen wird? Diese Väter bekommen, wenn sie Glück haben, ein ›großzügiges‹ Umgangsrecht, das in der Praxis jedoch häufig darauf hinausläuft, dass sie zum 14-tägigen Besuchsvater degradiert werden. Und allzu oft erleben sie diese Besuche für sich und die Kinder als wahres Spießrutenlaufen. »Es kann wohl keinen Zweifel daran geben, dass der Verlust aller Elternrechte bis auf ein eher unsicheres Umgangsrecht eine Erfahrung ist, die für die psychische Existenz zur Bedrohung werden kann«, schreiben Ursula Kodjoe und Simone Wiestler in der bereits 1994 erschienenen Studie ›Die psychosoziale Situation nichtsorgeberechtigter Väter‹ am Psychologischen Institut der Albert-Ludwigs-Universität Freiburg.

Nach Auffassung der beiden Psychologinnen versperren die juristischen Sorgerechtsmodelle, die für sich in Anspruch nehmen, dem Konstrukt ›Kindeswohl‹ zu dienen, »den Blick auf den Machtkampf, der zwischen den Paaren weitergeht, die Kinder instrumentalisiert und einer Bankrotterklärung der Eltern gleichkommt«. Der Kampf um den ›Besitz Kind‹ zeige, wie notwendig eine umfassende Bewusstseinsveränderung aller Beteiligten sei. Dass es hier um »Sieger und Unterlegene« gehe, zeuge von einem nicht angemessenen System, das eher zu Verhärtung und Verbitterung führe als zu Verstehen und Versöhnung.

Dabei macht es einen enormen Unterschied, ob Eltern über ihre künftige Position verhandeln (»Ich will die alleinige elterliche Sorge!«) oder darüber, wer künftig wann was für das Kind macht. Auseinandersetzungen darüber, wem die elterliche Sorge zugesprochen wird, schaffen eben Gewinner und Verlierer und sorgen für böses Blut. Verhandlungen über die künftige Aufgabenverteilung eröffnen Wahlmöglichkeiten, die Eltern auf kreative Weise nutzen können. Die eine Haltung sorgt für Ausschluss, Konkurrenz und Feindschaft, die andere für Beteiligung und Zusammenarbeit im Interesse der Kinder.

Wochenendväter auch in ›heilen Familien‹

In meinem Buch geht es vornehmlich um den Vater. Um den Wochenendvater, also um den, der mit einem Schlag seine Kinder nur stunden- oder tageweise zu Gesicht bekommt. Wo liegt da der Unterschied zum ›durchschnittlichen‹ Familienvater, wird sich mancher fragen. In vielen ›heilen Familien‹ sei dies doch genauso. Statistiken geben den Skeptikern scheinbar recht: Die große Masse der Väter kommt im Familienalltag kaum vor. »Rund 60 Prozent der Deutschen glauben, ›sehr viele‹ oder ›viele‹ Väter überließen die Erziehung allein den Müttern und seien deshalb ›Rabenväter‹«, befindet das Institut für Demoskopie Allensbach im Rahmen der ›Vorwerk Familienstudie 2007‹.

Laut dieser Studie verbringen nur 40 Prozent der Väter die meiste Zeit mit ihren Kindern und nur vier Prozent nehmen nach der Geburt Erziehungsurlaub. Immerhin sind die Männer wenigstens ehrlich: 67 Prozent geben zu, dass sie den ›kleineren Teil‹ bei der Erziehung leisten. Also alles wie gehabt.

Viele Väter arbeiten im Außendienst, sind oft wochenlang auf Montage oder kommen erst spätabends nach Hause. Aber auch viele Mütter gehen arbeiten, während das Kind von Dritten, etwa den Großeltern, versorgt wird. Das alles stimmt schon. Trotzdem besteht ein gravierender Unterschied zu Scheidungskindern: Wissen Kinder aus einer ›heilen Familie‹, dass Vater und Mutter zu Hause leben, so geht bei einer Trennung ein Elternteil sozusagen für immer weg. Diese Endgültigkeit, die krasse Veränderung der gewohnten Verhältnisse, ist es, die den Kindern besonders zu schaffen macht.

Du bist als Mann und Vater auch verantwortlich für das, was du deinen Kindern als Beziehung vorlebst. Wenn du an dem Punkt angekommen bist, dass es für dich, ohne deine Würde, deine Achtung, deine Liebe zu verlieren, nicht mehr geht, dann müssen deine Kinder auch erkennen, dass du etwas an deiner Lage änderst und Verantwortung für dich selbst übernimmst, auch um den

Preis von Abschied, Trauer und Trennung. Nur musst du ihnen dann auch klarmachen, dass du auch darunter leidest, sie liebst und weiter für sie da sein willst.

JENS

So wichtig sind Väter

Vater-Qualitäten und Entwicklung des Kindes

Wenn Sie zum Wohl Ihres Kindes Lebensbedingungen schaffen wollen, unter denen Sie seine Entwicklung optimal fördern können, dann sollten Sie das Wesentliche über seine Entwicklungsschritte wissen. Dies trägt dazu bei, Ihre mögliche Verunsicherung zu mindern, ob Sie die neue Aufgabe überhaupt bewältigen können.

Vielleicht fragen Sie sich, ob Sie in der Zeit mit Ihren Kindern deren Ansprüchen überhaupt gerecht werden können, ob Sie immer an der ›Qualität‹ der Mutter gemessen werden und wie Sie wohl aus Kindersicht im Vergleich zu ihr abschneiden.

Schwach, so lehrt die Geschichte, ist eine Vater-Kind-Bindung von jeher dann, wenn strikte Arbeitsteilung zwischen den Geschlechtern und hoher Überlebensdruck – etwa durch Kriege und andere Krisen – herrschen. Sobald Frauen gleichermaßen zum Unterhalt der Familie beitragen wie Männer und diese ihrerseits mehr Zeit zur Arbeit in der Familie finden, ändert sich das. Von daher könnte das 21. Jahrhundert ein Jahrhundert der Väter werden.

Die älteren Theorien über die soziale Entwicklung von Kleinkindern gingen von einer ausschließlichen Ausrichtung auf die biologische Mutter als Nahrungsspenderin und als Bindungsob-

21

jekt aus. Diese biologisch vorbestimmte Beziehung bekam nahezu mystische Qualitäten. Erst die in der Forschung der 1970er Jahre entdeckten Kompetenzen der Klein- und Kleinstkinder rückten auch die Qualitäten des Vaters ins Blickfeld.

Ungefähr gleichzeitig geriet hierzulande das herkömmliche Rollenverständnis der Familie ins Wanken. Es begann mit der sogenannten 68er Generation, mit antiautoritärer Erziehung, Kinderläden und Ähnlichem. »Mehr Demokratie wagen« – dieses berühmt gewordene Motto des sozialdemokratischen Bundeskanzlers Willy Brandt in seiner ersten Regierungserklärung wurde auch zum Signal gegen verkrustete Familienstrukturen. Mit dem Ergebnis, dass Frauen in der Gesellschaft beruflich und wirtschaftlich eigenständiger wurden – ein Prozess, der bis heute anhält und wohl noch lange nicht abgeschlossen ist.

Daraus ergibt sich aber auch die Forderung an Männer und Väter nach mehr Mitarbeit und Engagement in der Familie, bei Haushaltsaufgaben und in der Kindererziehung. In möglichst allen Bereichen des Lebens ist heute Partnerschaft eines der angestrebten Ziele. Der aktive, engagierte Vater ist, zumindest bei den jüngeren Männern, Standard. Er lernt mit seiner Frau richtiges Atmen bei Presswehen, ist – in neun von zehn Fällen! – bei der Geburt des Kindes dabei, betätigt sich als Kindergarten- und Elternsprecher. Nicht immer, aber immer öfter.

Die Folge: Väter identifizieren sich heute mit ihrer Rolle viel mehr als früher. Sie sind nicht nur mehr ausschließlich Ernährer der Familie, sondern ihre Beziehung zu den Kindern bekommt eine ganz andere gefühlsmäßige Qualität. Die dadurch gewonnene Nähe und Menschlichkeit gibt nicht nur dem Nachwuchs, sondern auch ihnen selbst gute Möglichkeiten zu einer natürlichen Weiterentwicklung.

Ross Parke, ein führender Vaterforscher an der Universität von Kalifornien, hat Väter mit Neugeborenen eingehend in Laborsituationen und zu Hause beobachtet. Sein Fazit: Sie sprechen genauso viel mit ihren Babys, küssen sie genauso oft und spielen mit ihnen genauso lange wie Mütter. Mit Ausnahme des Stillens gebe es keinen Hinweis darauf, dass Frauen biologisch dazu auserkoren seien, die besseren Eltern zu sein. Vater und Mutter verfügen über die gleichen biologischen Fähigkeiten, aber nutzen ihre Kompetenzen auf unterschiedliche Weise.

Der Vater führt in die Welt hinein

Vater und Mutter mit ihren Talenten und Schwächen, ihren unterschiedlichen Geschlechterrollen, Genen und Persönlichkeitsanteilen sind von der Verschmelzung von Ei- und Samenzelle an im gemeinsamen Kind vertreten. Das Kind trägt die Anteile beider in sich. Das Wesen eines Kindes bekommt seine Struktur und Substanz, seinen ›Inhalt‹, von beiden Eltern. Hielt die Forschung früher die Zweierbeziehung (Dyade) zwischen Mutter und Kind für vorrangig, so weiß man heute, dass das Kind von der Zeugung an ein Pol einer Dreiecksbeziehung (Triade) ist. Die Väterforschung hat die Bedeutung des Vaters für die Entwicklung des Kindes nachgewiesen.

Schon während der Schwangerschaft nimmt das Kind seinen Vater wahr und erlebt sich im Zusammenspiel zwischen der Mutter und ihm. Im ersten Lebensjahr ist naturgegeben das Verhältnis von Mutter und Kind besonders intensiv. Das Kind ist jetzt ganz stark von der liebevollen, nährenden, Sicherheit gebenden und bestätigenden Beziehung zu ihr abhängig. Je sicherer und eingespielter sie sich im Kontakt mit dem Vater erlebt, desto besser kann sie auch diese Funktion ausfüllen.

Nach einer sogenannten ›symbiotischen Phase‹ beginnt im vierten bis fünften Monat der Prozess der Loslösung und Selbstwerdung, der etwa mit dem vollendeten dritten Lebensjahr beendet ist. Etwa um die Mitte des ersten Lebensjahrs erkennt das Kind Mutter und Vater als unterschiedliche Personen, zu denen es eigene Beziehungen aufbaut. Nun wird der Vater zu einem besonderen Bindungsobjekt, selbst wenn er nur selten anwesend ist und sich an der Pflege eher weniger beteiligt.

Je besser sich die motorischen Fähigkeiten des Kindes entwickeln, desto intensiver erforscht und erobert es seine Umwelt. Mit etwa 18 Monaten muss es jedoch ernüchtert feststellen, dass es überall an Grenzen stößt. Daher wendet es sich wieder vermehrt seinen Betreuungspersonen zu. Diese Situation erlebt das Kind als Konflikt zwischen dem Wunsch, selbstständig zu werden, und der Sehnsucht nach der alten Geborgenheit. Oft ist dies der Auslöser für eine erste Trotzphase.

Ein ›klassischer‹ berufstätiger Vater ist in diese Kämpfe des Kindes meist weniger verwickelt als die Mutter. In der Familie lebt er dem Kind die Nähe zur Mutter ebenso vor wie die Trennung von ihr – etwa wenn er zur Arbeit geht. Durch die sogenannte Triangulierung, die Beziehung zu zwei Menschen, die selbst in einer Beziehung zueinander stehen, kann sich das Kind ohne unerträgliche Verlustängste einmal eher auf die Seite der Mutter und einmal mehr auf die Seite des Vaters schlagen.

Je besser die Qualität der elterlichen Beziehung ist, je intensiver die Zuneigung der Eltern zueinander und zu ihrem Kind ist, desto stabiler ist die Basis des Kindes für Gefühle von Sicherheit, Schutz und Geborgenheit. Eine fehlende oder vorwiegend aggressive Beziehung der Eltern zueinander macht es dem Kind schwer, sich von der Mutter zu lösen. Es wird vielmehr eine große Angst vor Beziehungsverlust entwickeln.

Eigentliche Aufgabe des Vaters ist es, das Kind aus der zu eng werdenden Bindung an die Mutter in die Welt hinein zu führen. So nimmt es an zwei Erfahrungswelten teil: an der weiblichen und der männlichen. Ein Vater, der an der Entwicklung seines Kindes aktiv teilhat und für seine Kinder verfügbar ist, ist Liebesobjekt und Vorbild zugleich. Er fördert Selbstsicherheit, Sicherheit im Umgang mit anderen, intellektuelle Entwicklung und Selbstständigkeit. Können Jungen und Mädchen ihre Beziehung zum Vater ausleben, begünstigt das ihre positive Einstellung zur eigenen Männlichkeit beziehungsweise Weiblichkeit. Auf diese Weise wird Schwierigkeiten bei der Partnerwahl und in der Gestaltung späterer Liebesbeziehungen vorgebeugt, die bei vaterlos aufgewachsenen Kindern häufiger vorkommen.

Vom Kindergarten- bis zum Grundschulalter wird nun gefestigt, was in den ersten Lebensjahren erworben werden konnte: die Erfahrung der eigenen Individualität, der eigenen, unverwechselbaren Persönlichkeit, die der Umwelt mit Mut und Vertrauen begegnet und dabei auch lernt, mit Rückschlägen umzugehen.

Väter spielen anders

Väter sind anders. Sie verbringen mehr Zeit mit Spielen als Mütter, dafür allerdings erheblich weniger mit Hausarbeit. Was in den Augen der Mütter ungerecht ist, bedeutet für das Kind großes Glück. Denn Väter spielen nicht nur mehr, sondern auch anders. Ihr Spiel steckt voller Überraschungen, ist unvorhersehbarer und herausfordernder als das der Mutter. Und das ist für das Kindeswohl ein wahrer Segen. Väter setzen beim Spiel seltener Spielzeug ein und häufiger sich selbst. Auf diese Weise stimulieren sie, wie die Forscher Michael Yogman und Berry Brazelton in Laborversuchen analysiert haben, ihre Kinder ganz anders als Mütter dies tun: Väter sind Profis darin, die Neugier und den Durchhaltewillen ihrer Kinder zu fördern. Sie ermutigen sie eher als Mütter, Ungewohntes auszuprobieren und muten ihnen mehr zu. Väter heben ein Kind wieder auf ein Fahrrad, nachdem es gestürzt ist; sie benutzen im Gespräch mit ihnen längere Sätze, komplizierte Worte und weniger rhythmische Satzmelodien. Sie lehren die Kleinen hartnäckiger, Frustrationen beim Lernen auszuhalten. Väter spielen rasanter, dramatischer und mit kühnerem Wechsel zwischen Ruhe und Aufregung. In einer Untersuchung mit Zweieinhalbjährigen bevorzugten zwei Drittel den Vater als Spielkameraden. Möglicherweise spüren Kinder, wie wichtig diese Art der Stimulation für ihr Fortkommen ist.

> Ich versuche die Wochenenden so normal wie nur
> möglich zu gestalten. Es macht keinen Sinn, so viel
> wie möglich erleben zu wollen. Die Erfahrung hat
> mich gelehrt, dass es meinem Sohn am besten bei
> uns gefällt, wenn alles so läuft, als wäre das Wochen-
> ende einfach Alltag. Besonders gut gefallen ihm
> eben Beschäftigungen, die seine Mutter aus eigenem
> Desinteresse nicht mit ihm machen würde, wie
> Wandern, Schneehöhlen oder Nistkästen für Vögel
> bauen, Mineralien und Fossilien sammeln, Schwimmen
> gehen etc., Dinge eben, die ›Männersache‹ sind.
> RALF

Sensible Väter – sensible Kinder

Für ihre Identitätsbildung brauchen Jungen und Mädchen gleichermaßen Erfahrungen mit Mutter und Vater. Das Mädchen lernt von der Mutter, wie es Frau, der Junge vom Vater, wie er Mann wird. Kinder brauchen die interessierte und liebevolle Zuwendung und das Vorbild von Mutter und Vater, um eine männliche beziehungsweise weibliche Identität, ein gesundes Selbstwertgefühl und ein stabiles Beziehungs- und Bindungsverhalten entwickeln zu können.

Das bestätigen auch Forschungen eines Psychologenteams um Karin Grossmann und Heinz Kindler von der Universität Regensburg. Über einige Jahre hinweg werteten sie wissenschaftliche Aufzeichnungen über den Umgang von Vätern mit ihren Kindern aus. Ergebnis: Je feinfühliger Väter mit ihren Jüngsten spielen, desto bindungsfähiger und gefühlsmäßig sicherer sind diese in späteren Jahren.

Die Forscher fanden heraus, dass Kinder als Erwachsene in Beziehungen ziemlich genau jenes Verhalten wiederholen, das ihre Väter ihnen im Spiel vorgelebt haben. War der Vater dem Kind gegenüber geduldig, aufmerksam und zugewandt, so ist es der junge Erwachsene seinem Partner gegenüber auch. Er vertraut ihm mehr, ist offener, emotional erfüllter und wendet sich öfter um Hilfe und Zuspruch an andere. War der Vater unsensibel, haben Kinder später weit mehr Probleme in Partnerschaften, sind zugeknöpfter und misstrauischer.

Die Trennung und was sie für eine Familie bedeutet

Wenn der Vater fehlt

Wenn der Vater fehlt, aus welchen Gründen auch immer, bleibt das Kind oft innerlich und äußerlich an der Mutter buchstäblich hängen, was die Persönlichkeitsentwicklung stark beeinflusst. Psychische Krankheitsbilder im Erwachsenenalter wie zum Beispiel Angstneurosen, Süchte oder Essstörungen werden von Psychologen oft auf einen fehlenden Vater zurückgeführt. Das hat etwa Horst Petri in seinem Buch ›Das Drama der Vaterentbehrung‹ eindrucksvoll beschrieben.

Bei einer ausschließlichen Zweierbeziehung zwischen Kind und Mutter oder Kind und Vater kann das Kind den Umgang mit dem Dreieck zwischen ihm, Vater und Mutter nicht ausreichend erlernen. In einer späteren Ehe, vor allem wenn eigene Kinder kommen, zieht der Erwachsene sich dann häufig aus der Eltern- oder Partnerrolle zurück. Er überlässt das Kind dem anderen oder verfällt selbst in eine Art ›Kindchenrolle‹. Dies kann zu schweren Partnerkonflikten führen.

Allerdings auch das ist längst erwiesen: Das Verhältnis des Vaters zum und sein Einsatz fürs Kind hängen ganz stark von der Einstellung der Frau zu seinem Leistungsvermögen ab. Spricht sie ihrem Mann die Kompetenz ab, den Kindern ein angemessener Betreuer zu sein, so wird er nach kurzer Zeit kaum noch einen Finger rühren. Selbst wenn er eigentlich noch so sehr davon überzeugt ist, hat er keine Chance, es zu können, sobald seine Frau diese Überzeugung nicht teilt. Der Vaterforscher Ross Parke: »Väter sind genau so weit eingebunden, wie die Frau es zulässt.«

Nach Ansicht der Mutter habe ich immer nur vor dem Fernseher gesessen. Nach meiner Ansicht hat sie den Bereich Haushalt und Küche für sich beschlagnahmt (Frauenrolle) und konnte mich da gar nicht hinein-lassen. Nichtsdestoweniger hat sie sich ständig über meine mangelnde Beteiligung beklagt.
PETER

Väter rufen zum Aufbruch

Man muss sich das mal vor Augen halten: Jeder zweite Vater hat bereits ein Jahr nach der Trennung keine Verbindung mehr zu seinen Kindern, nach fünf Jahren sind es sogar 80 Prozent. Gründe gibt es dafür viele. Es sind aber längst nicht immer nur die Väter, die von sich aus die Beziehung zu ihren Kindern kap-pen. Allerdings leben bundesweit inzwischen mehr als eine halbe Million Kinder auf Kosten der Jugendämter, weil Väter keinen Unterhalt zahlen. Das ist die eine Seite. Auch vor ihr darf man die Augen nicht verschließen.

Doch es gibt auch eine andere. Längst gibt es bei den Vätern auch eine Aufbruchsstimmung. Gleichgültigkeit, feiger Rückzug und Resignation werden von Initiativen wie dem ›Väteraufbruch für Kinder‹ oder der Internet-Gruppierung ›paPPa.com‹ be-kämpft, die mehr Rechte für sich und ihren Nachwuchs sowie mehr Offenheit und Engagement vonseiten der Behörden für eine funktionierende Vater-Kind-Beziehung fordern. In einer großen Aktion wurden unlängst bundesweit Familienrichtern Geschenke für Kinder übergeben, die ihren eigenen Vater zu Weihnachten nicht sehen durften. Immer mehr gerade nicht ständig bei ihren Kindern lebende Väter fühlen und begreifen, was die Forschung lehrt, was aber längst noch nicht immer erkannt wird, vor allem von bornierten Behörden und falsch informierten Müttern: Väter sind für ihre Kinder genauso wichtig wie ihre Mütter!

> Als Vater konnte ich in den ersten drei Monaten nach der Trennung meinen Sohn wöchentlich sehen, konnte täglich mit ihm telefonieren und somit auch an seinem Leben teilhaben. Als ich aber die Mutter meines Sohnes auf bestehende Missstände ansprach, die unter anderem auch mit ein Trennungsgrund waren, verhinderte sie die Beziehung zwischen mir und unserem Kind. Somit hatte auch mein Kind keine Rechte und daher keinen Kontakt zu seinem Vater! Wenn es allein vom Willen einer Mutter abhängt, ob Kind und Vater Kontakt haben dürfen, muss doch der Gesetzgeber dazu angehalten werden, darüber nachzudenken, ob das Recht des Kindes nicht eine Unterstützung durch das Gesetz erfahren müsste.
> PETER

Forschungsergebnisse: In der Praxis oft ignoriert

Viele Entscheidungs- und Beratungsprozesse im Rahmen von Familientrennung und Scheidung laufen immer noch so ab, als hätte es die von mir beschriebenen entwicklungspsychologischen Forschungen nie gegeben. So sind Regelungen, nach denen Kleinkinder bis zum Grundschulalter ohne Wenn und Aber der Mutter zugeordnet werden und der Vater mehr oder weniger als verzichtbar gilt, immer noch die Norm.

Dies wird auch durch die bereits angesprochene Untersuchung von Ursula Kodjoe und Simone Wiestler über die psychosoziale Situation nichtsorgeberechtigter Väter deutlich, die zu folgendem Ergebnis führte: Nur 19 Prozent dieser Väter erlebten die Mutter ihrer Kinder als kooperativ, 63 Prozent hingegen fühlten sich aus dem Leben des Kindes ausgegrenzt. Obwohl fast genau zwei Drittel der außerhalb lebenden Elternteile im Nahbereich wohnten, also weniger als 100 km vom Kind entfernt, nahmen drei Viertel aller befragten Väter an wichtigen Ereignissen im Leben der Kinder wie Einschulung oder Kindergeburtstag nicht teil.

> Unser inniges Verhältnis wurde auch bestätigt, als sie Kommunion hatte. Sie können sich nicht vorstellen, mit welch glänzenden Augen sie mich angesehen hat, als sie mich unerwarteterweise plötzlich sah. Für sie war es das Wichtigste überhaupt an diesem Tag.
> JENS

Die ausgeschlossenen Elternteile sahen sich dabei als Opfer und beklagten sich mit Sätzen wie »Das wird mir alles vorenthalten«, »Es wurde schon lange unterbunden, dass ich dabei bin« oder »Davon werde ich ausgeschlossen«. Wer so argumentiert, übersieht, dass die Opferhaltung stets passiv, also im wahrsten Sinn des Wortes eine Leidensform ist. In der kann man(n) sich zwar bequem einrichten, wird er doch eine Zeit lang von Gott und der Welt wegen der Ungerechtigkeit, die ihm widerfährt, bedauert (bis die Umwelt den Möchtegern-Messias am Kreuz nicht mehr ertragen kann). Doch wer leidet, ändert nichts an den Gegebenheiten, sondern gibt dem anderen Elternteil lediglich die Möglichkeit, seine aktive Position der Stärke auszubauen.

Sinnvoll wäre es, sich die Frage zu stellen, was man(n) seinen Kindern geben kann, um ein guter Vater zu sein. Und auch, was er der Mutter geben kann, damit sie ihr Verhalten ändert. Banal gesagt: Es gehören immer zwei dazu, dass es zu einer solchen Situation kommt: Einer, der handelt, und einer, der etwas zulässt …

> Ich musste die entsetzliche Feststellung machen, dass sich meine ehemalige Partnerin nach der Trennung mir gegenüber in einer mir bisher völlig fremden Art und Weise verhielt, die man als ›Siegerpose‹ oder ›Platzhirsch-Attitüde‹ bezeichnen könnte. In Gesprächen zeichnete sich immer nur ein Interesse der Mutter ab: Ich soll viel und möglichst pünktlich zahlen. Meine eigene finanzielle Situation und die damit im Zusammenhang stehenden Schwierigkeiten, meinen Elternpflichten nachkommen zu können, den Umgang mit meinen Söhnen realisieren zu können, stieß bisher immer auf taube Ohren. Es interessiert sie nicht, die Mutter, wie ich das alles schaffen kann.
>
> RALF

Die Trennung als existenzieller Einschnitt und potenzieller Wendepunkt

Wenn Eltern sich trennen, kommt das weder aus heiterem Himmel, noch handelt es sich um eine kurzfristige Entscheidung, sondern immer um einen schmerzhaften Loslösungsprozess, der manchmal fast unbemerkt, oft auf Umwegen und meist über Monate und Jahre hinweg abläuft. Anlässe für eine Trennung gibt es viele, doch die wahren Motive sind meist vielschichtig und dem Paar so wenig klar bewusst wie die Gründe dafür, warum es sich einmal zusammengetan hat. Man nannte das eben Liebe. Aber was war es wirklich? Und was ist es jetzt?

Eine Scheidung an einem einzigen Grund, einer einzigen Person, einer Eigenschaft oder einem Reaktionsmuster wie etwa dem Krach um die berühmte verkehrt ausgedrückte Zahnpastatube festzumachen funktioniert nicht. Die Vorgänge sind viel komplizierter: wegwollen einerseits, nicht loslassen können andererseits, und als Folge davon schmerzhafte, meist verletzende Befreiungs- oder Festhaltekämpfe. Oft wird ein langer Weg der inneren Emigration, der inneren Trennung, beschritten, bevor es zur tatsächlichen Trennung kommt. Dass sich all das aufs Familienleben auswirkt, ob als Aggression oder Depression, ist logisch. Dennoch soll in den Blick genommen werden, dass für die Trennung eine Person reicht, die das Paarleben nicht mehr leben will. Es ist nicht in jedem Trennungsfall wahr, dass beide für die Trennung verantwortlich sind. Es gibt Trennungen, bei denen entweder die Frau oder der Mann einfach sagt: »Ich will nicht mehr mit dir leben.«

Gefühle wie Wut, Trauer, ja sogar Hass sind in Trennungsphasen absolut verständlich. Dass grundsätzliche Zweifel an der Person des früheren Partners auftauchen, an seinen menschlichen, auch an seinen Erziehungsqualitäten, ist ganz normal. Jetzt geht es darum, sich selbst in Sicherheit zu bringen, das angekratzte Ego wenigstens einigermaßen aufzupolieren. Da ist der Weg auf Kosten des anderen oft der scheinbar gangbarste. Doch irgendwann kommt der Punkt, an dem man Bilanz ziehen sollte, an dem

Schluss sein müsste mit Selbstmitleid, Schuldzuweisungen und Revanchegelüsten. Nur wer sich selber verzeihen kann, kann auch dem anderen verzeihen. Doch wenn sich im Laufe der Zeit – und das kann Jahre dauern! – keine Weiterentwicklung zeigt, indem zum Beispiel auch eigene Anteile am Scheitern der Beziehung gesehen werden, dann ist wirklich professionelle Hilfe angesagt. Eine Versöhnung des einstigen Ehepaares wird sicher nicht immer möglich sein. Eine Verständigung im Interesse der Kinder sollte jedoch in jedem Fall erreicht werden, was aber, wie die Erfahrung lehrt, längst nicht immer funktioniert.

Trennung ist neben vielem anderen immer auch ein Wendepunkt auf einem persönlichen Lebensweg. Dies ist eine (manchmal bittere) Erkenntnis, die auf Erfahrung basiert und nicht von sich aus vom Himmel fällt. Hat man sie gewonnen, besteht die Chance, noch etwas erwachsener zu werden und zu sich selbst zu finden. Um zu diesen Voraussetzungen zu kommen und sich nicht von Anfang an in einen Sog aus Hass, Wut und Vergeltung hineinziehen zu lassen, ist es wichtig, innezuhalten und Zwischenbilanz zu ziehen.

Eine Trennung steht am Ende von lange schwelenden Frustrationen, Missverständnissen und Auseinandersetzungen. Und: Trennung ist letztlich auch eine Entscheidung. Jetzt beginnt die Neuverteilung, die Sicherung eines neuen Lebensabschnitts. Meist sind Sie und Ihre ehemalige Partnerin sich überhaupt nicht über die Konsequenzen im Klaren. Das erzeugt ein hohes Maß an Unsicherheit und damit Angst.

Angst wiederum führt auf beiden Seiten zu Reaktionen. Und dann geschieht, was man sich vorher nicht hat vorstellen können. Da kommt es dann zu Aussagen wie: »Das gibt es doch gar nicht! Warum ist sie jetzt auf einmal so? Das hätte ich nie von ihr gedacht! Wie kann sie nur so handeln?« Auch wenn es schwerfällt: Versuchen Sie, bei sich selbst zu bleiben. Betrachten Sie Ihren ehemaligen Partner in Ruhe. Sehen Sie ihn sich aus der Ferne, gleichsam wie in einem Film, mit allen seinen Defiziten und Ängsten an.

Es ist eine Tatsache, dass Sie jetzt mehr denn je mit allen Schattenseiten des anderen (oder dem, was Sie dafür halten) konfrontiert werden. Diese Seiten sind auch Resultate von Verunsicherung, oft auch von schlechtem Gewissen, manchmal, wenn auch selten, auch von einer gewissen Strategie (eventuell hat Ihre Ex-Partnerin schon einen Nachfolger für Sie, der auch der ›neue Papa‹ werden soll). Und noch eines: Vermutlich hat die Mutter Ihrer Kinder, genau wie Sie, auch Berater, von denen sie ›betreut‹ wird. Das können professionelle Helfer sein wie Anwälte oder Therapeuten, ›gute Freundinnen‹ oder ihre Eltern. Da deren Informationen – genau wie die Ihren! – alle ziemlich einseitig sind, ist klar, dass Sie dabei nicht besonders gut wegkommen.

Seien Sie aufmerksam, nehmen Sie alle Äußerungen ernst und tauschen Sie sich mit Ihren eigenen Beratern aus. Und gehen Sie im Zweifel nicht davon aus, dass es das »alles nicht geben kann«. Bleiben Sie jetzt auf keinen Fall alleine! Holen Sie Rat von Freunden, professionellen Beratern und anderen Betroffenen. Das bringt neben vielerlei Information noch etwas mit sich: Sie erkennen, dass Sie mit Ihrer Situation nicht allein sind, dass viele andere Väter in einem ähnlichen Schlamassel stecken. Wobei Sie sich allerdings darüber im Klaren sein sollten, dass auch all deren Ratschläge einseitig und großenteils von Ihren Informationen geprägt sind.

Das schlechte Gewissen

Viele Wochenendväter, vor allem natürlich diejenigen, die aus eigenem Antrieb von zu Hause weggegangen sind, kämpfen mit schlechtem Gewissen gegenüber ihren Kindern. Jeder bewältigt seine Gewissensbisse auf andere Weise. Viele Väter überhäufen ihre Kinder mit Geschenken oder setzen ihnen während der Besuchszeit keine Grenzen, um auf diese Weise etwas gutzumachen. Dies kann nicht gelingen. Zum einen durchschauen Kinder diese inneren Einstellungen sehr schnell und nutzen das für sich aus. Die Folge: Vater wird zum reinen Goldesel degradiert, wird auf lange Sicht materiell ausgebeutet, während die eigentliche, die emotionale Vater-Kind-Beziehung auf der Strecke bleibt. Das schlechte Gewissen ist eine passive, fremdbestimmte Haltung. In diesem Jammertal des Selbstmitleids kann man sich sehr bequem einrichten. Doch ein Vater, der Respekt und Liebe von seinen Kindern empfangen möchte, der kann sich dies nicht erkaufen.

Ziel muss es vielmehr sein, das schlechte Gewissen durch aktive Vaterschaft in ein gutes Gefühl umzuwandeln. Das ist freilich bedeutend aufwändiger, als nur die Brieftasche zu zücken. Dazu ein Gedanke, der mir persönlich oft geholfen hat: Der Dichter und Schriftsteller Hermann Hesse erinnert uns daran, dass das Herz bei jedem Lebensruf zum Abschied und Neubeginn bereit sein müsse und dass jedem Anfang ein Zauber innewohne, der uns beschütze und zu leben helfe. In diesem Sinne können Sie diese schwierige Zeit auch als Chance für einen Neuanfang im Verhältnis zu Ihren Kindern sehen. Freilich gibt es eine Zeit, zu trauern, und auch eine Zeit, sein Gewissen zu erforschen. Doch dann gilt es, sich auf den Weg zu machen und seine Beziehungen neu zu gestalten.

Wie verlassene Kinder reagieren

> Besonders die Beziehung meiner älteren Tochter zur
> Mutter und zu mir ist geprägt von ›Nach oben buckeln
> (Mama), nach unten treten (mich)‹. Die meisten
> erwachsenen Menschen würden eine solche Bezie-
> hung, wenn sie diese zu einem anderen Erwachsenen
> hätten, abbrechen. Da es aber meine Tochter ist, die
> sich so verhalten muss, will ich hoffen, die Mutter
> doch noch zur Teilnahme an einer Familientherapie
> bewegen zu können.
> CHRISTIAN

Es ist für ein Kind immer ein schwerer Einschnitt im Leben, wenn
Eltern sich trennen, auch dann, wenn Eltern versuchen, es ihren
Kindern leicht zu machen: Die Trennung belastet jedes Kind,
ganz gleich, wie alt es ist. Niemand möge glauben, ein Kind
würde eine Scheidung sorglos ertragen. Überlegen Sie nur, wie
sehr Sie selbst durch dieses Ereignis aus der Bahn geworfen sind!
Wie mag es da erst in einem so kleinen Menschen aussehen?

Da geht jemand, den wir über alles lieben, von dem wir in vielerlei Hinsicht abhängig sind, einfach weg. Oft ohne Vorwarnung,
Vorbereitung, Gespräch, sozusagen aus heiterem Himmel. Sei
es, dass der Vater die gemeinsame Wohnung verlässt, sei es, dass
die Mutter mit Sack und Pack (und Kind) auszieht: In jedem Fall
heißt dies, nicht nur ein Liebes- oder Ehepaar trennt sich, sondern auch ein Kind wird verlassen. Diese Erfahrung kann ein
ganzes Leben lang nachwirken. Kinder erleben die Scheidung der
Eltern oft nicht als deren Scheidung, sondern als ihre Scheidung
von Vater oder Mutter.

Viele Kinder haben die Fantasie, nicht wichtig, nicht liebenswert genug zu sein, um den weggehenden Elternteil halten zu können. Und nicht selten glauben Eltern, ihren Kindern die Sache zu erleichtern, indem sie die Trennung sozusagen heimlich vollziehen. Welch ein Irrtum! Ihnen ist wahrscheinlich nicht bewusst, dass das Kind sich wie zerbrochen fühlt und den Verlust eines Elternteils als gegen sich gerichtet erlebt: »Ich bin schuld« oder: »Ich bin es nicht wert, dass Mama/Papa bleibt«.

Der Auszug eines Elternteils erschüttert das Lebens- und Weltbild eines jeden Kindes. Die Reaktionen von Kindern auf diese Katastrophe sind höchst verschieden. Die einen haben Trennungsängste, ziehen sich zurück und leiden unter Schuldgefühlen, andere reagieren mit Wut, Lügen oder aggressivem Verhalten. Jedes Kind erlebt die Trennung anders und reagiert anders. Vielen Kindern merkt man nicht an, wie es ihnen geht. Das macht die Sache problematisch. Denn hinter mancher scheinbar coolen Fassade kocht es ganz gewaltig.

Häufig werden bestimmte Signale vom Umfeld nicht registriert oder richtig erfasst, sodass eine angemessene Hilfestellung unterbleibt. Um die Situation irgendwie aushalten zu können, wird der Schmerz von vielen verdrängt. Man merkt dann nach außen scheinbar nichts mehr. Später tauchen diese Kinder häufig mit körperlichen oder psychischen Symptomen und Verhaltensproblemen – manchmal auch erst als Erwachsene – in psychiatrischen und psychotherapeutischen Praxen und Kliniken auf.

Die Psychologin Ursula Kodjoe schreibt: »Als besonders gefährdet müssen Kinder gelten, die nach außen ein scheinbar völlig unauffälliges Verhalten zeigen. Sie passen sich an, sind verstummt und ›weinen nach innen‹, ohne ihre Not noch äußern zu können, sodass sie auch nicht mehr gehört werden.«

Der Wiener Psychoanalytiker Helmuth Figdor erklärt in seinem Buch ›Kinder aus geschiedenen Ehen: Zwischen Trauma und Hoffnung‹, warum das so ist: »Je weniger sich die Kinder von der Scheidungsmitteilung betroffen zeigen, desto erträglicher ist die Situation für die Eltern.« Faszinierend sei es dabei, zu beobachten, wie oft es zwischen Eltern und Kindern zu einer sogenannten Koalition der Verleugnung komme: »Die Tendenz vieler Eltern, die Bedeutung, welche die Scheidung für die Kinder haben wird, herunterzuspielen oder gar zu negieren, trifft auf Seiten des Kindes auf eine ebensolche Verleugnungsneigung, die ihm die Konfrontation mit dem schrecklichen Ereignis ersparen soll.«

Für Figdor hängt die Stärke dieser Neigung, sich durch Verleugnung gegen die anstürmenden schmerzvollen Affekte zu behaupten, ganz wesentlich von den Erwartungen der Eltern ab. Kinder hätten offensichtlich eine Art Antenne für solche oft auch wortlosen Signale. Suggeriere eine Mutter ihrem Kind: »Bitte, bitte, brich nicht zusammen. Zeig mir, dass es nicht so schlimm ist!«, genüge das oft schon, um die vorhandene Verleugnungstendenz des Kindes so zu stärken, dass die Mutter ihre Hoffnung bestätigt zu finden glaubt.

Man muss die Leere zwischen den Wochenenden
überwinden. Mit sich (innerlich) Frieden schließen.
Man sollte sich selber nicht so unter Druck setzen
(Wie wird das Wochenende? Kann ich mich beherrschen und rede nicht über Trennung, wie schlecht es
mir doch eigentlich geht? Und so weiter). Vor allem
sich bewusst einstampfen: Benutze NIE das Kind
als Spielball, Informant zwischen deiner Ex und dir!
ULF

Kinder brauchen beide Eltern

Der Wiener psychoanalytische Pädagoge und Psychotherapeut Helmuth Figdor, der sich in seiner Arbeit auf Scheidungskinder und ihre Eltern spezialisiert hat, stellt in seinem Buch ›Kinder aus geschiedenen Ehen: Zwischen Trauma und Hoffnung‹ dar, dass »natürlich der Verlust des Vaters für das Kind traumatisch (ist) – darüber kann angesichts des gegenwärtigen Standes der Forschung kein Zweifel bestehen« und dass der Verlust eines Elternteils immer Schmerz und Leiden bedeutet.

Ein geringes Selbstwertgefühl, Unzufriedenheit, Depressionen macht auch die Hamburger Soziologin Anneke Napp-Peters nach Langzeitbeobachtungen bei Scheidungskindern aus. 48 Prozent der Trennungswaisen, so erforschte der Kölner Soziologe Ulrich Schmidt-Denter, sind verhaltensauffällig. Jedes fünfte dieser Kinder reagiert laut einer Berliner Studie sogar mit Sprachstörungen, Hautausschlägen oder anderen psychosomatischen Auffälligkeiten.

Anneke Napp-Peters untersuchte darüber hinaus, welchen Einfluss die Elternbeziehung und die Familienatmosphäre, die sich in der Situation nach einer Scheidung herausbildet, auf die Qualität der Beziehung des Kindes zu den Elternteilen hat. Dabei unterschied sie zwischen Familien, die den zweiten Elternteil integrieren, und jenen, die ihn ausgrenzen.

Ihre Erfahrungen: In keinem einzigen Fall war es zum Kontaktabbruch zwischen dem Kind und dem außerhalb lebenden Elternteil gekommen, solange der zweite Elternteil integriert war, wenn sich also Eltern über die Belange des Kindes austauschen, sich gelegentlich bei Familienangelegenheiten sehen (wie Geburtstage, Veranstaltungen, an denen die Kinder beteiligt waren, und

Ähnlichem) und Fragen besprechen, die die Kinder betreffen (etwa über Schul- oder Ausbildungsprobleme). Zwischen dem Kind und diesem Elternteil bestand in solchen Fällen fast immer eine enge, herzliche Beziehung.

Gibt es hingegen kaum Kontakt zueinander oder dieser Kontakt wird sogar abgelehnt, wird außerdem nicht mehr über den außerhalb lebenden Elternteil gesprochen, höchstens in abwertender Weise, zeige sich, so Anneke Napp-Peters: Der Kontakt der Väter zu den Kindern war erheblich zurückgegangen, viele hatten ihre Kinder überhaupt nicht mehr oder in den vergangenen sechs Monaten nur einmal gesehen.

> **FAZIT** Je mehr Eltern bereit sind zu akzeptieren, dass ihre Beziehung aufgrund der Scheidung nicht beendet ist, sondern sich in anderer Form fortsetzt, umso mehr kann der zweite Elternteil elterliche Aktivitäten entwickeln, umso befriedigender verläuft die Beziehung zwischen ihm und den Kindern, und umso geringer ist die Wahrscheinlichkeit des Kontaktabbruchs.

Beide Elternteile müssen also eingebunden sein, um ihrer Bedeutung für die kindliche Entwicklung gerecht zu werden. Vater und Mutter müssen miteinander in Kontakt bleiben und den Dialog suchen, anstatt ihn abzubrechen, um ihre Verantwortung den Kindern gegenüber beizubehalten.

Wird der Vater gerade in der prägenden Entwicklungszeit des zweiten und dritten Lebensjahres ausgegrenzt, kann sich das auf die zukünftigen Beziehungen des Kindes fatal auswirken. Mehrelternfamilien (man nannte sie früher Stieffamilien), die einen Elternteil ausgrenzen, zerbrechen nach den jüngsten Forschungserkenntnissen doppelt so häufig wie Mehrelternfamilien, die den biologischen Elternteil mit einbeziehen. Die Kinder zeigen eindeutig mehr Verhaltensstörungen und stehen als junge Erwachsene vor großen Problemen in der Lebensbewältigung.

Die Beendigung der Partnerschaft befreit die Eltern nicht davon, weiterhin im Interesse ihrer Kinder Kompromisse zu schließen, was beispielsweise die Zeitaufteilung und die Beteiligung des anderen Elternteils an der Elternverantwortung und die räumliche Nähe der Elternhaushalte betrifft.

> Meine Grundsätze, die mich und somit meinen Buben wahrscheinlich am weitesten gebracht haben: Erstens: Absolute Loyalität gegenüber meiner Ex, wenn mein Kleiner bei mir ist, nie ein schlechtes Wort über seine Mutti, die er doch auch so braucht, nein – es wird sogar für Mama und Oma und Opa (Schwiegereltern) gebetet. Zweitens: Wenn ich ihn habe, dann habe ich alle Zeit der Welt für ihn! Meine Einstellung inzwischen: Weniger kann manchmal mehr sein. Ich fühle, dass ich eine sehr intensive und vertrauensvolle Beziehung zu meinem Buben entwickelt habe, welche trotzdem nicht immer einfach ist. Drittens: Den finanziellen Krieg kann ich klar von allen anderen Dingen trennen.
> HERBERT

Eltern sind immer Vorbilder

Die Aufgabe für Trennungspaare ist enorm: Kämpfen sie doch selbst mit Wut, Angst, Ärger, Kränkung, Rachegefühle – und sollen jetzt auch noch zwischen Paar- und Elternebene unterscheiden können. Aber genau das ist erforderlich, um das Wohl des Kindes im Auge zu behalten. Besser, als ein Vater dies ausgedrückt hat, kann man es nicht sagen:

> So sehr mir meine Ex-Frau als Partnerin zuwider sein mag: Als Mutter ist sie für mein Kind – aus dessen Sicht – einmalig und unersetzbar.
> ROLF

Und man sollte hinzufügen: Genau wie Sie als Vater es sind. Das Kind braucht beide und will in der Tiefe seines Herzens beide auch nach der Trennung als Paar lieben und die gewachsene Bindung zu ihnen aufrechterhalten dürfen.

Auch im tiefsten Beziehungskampf sollten Sie sich vergegenwärtigen: Sie sind Vorbild für Ihre Kinder. Überlegen Sie einmal, wie das wirkt: Eltern brüllen sich an, der Telefonhörer wird aufgeschmissen, der Vater darf die einst gemeinsame Wohnung nicht mehr betreten, das Ex-Paar beschimpft, beleidigt, demütigt sich gegenseitig. Da wird um Umgangsstunden oder die Höhe des Unterhalts gefeilscht wie auf einem orientalischen Bazar – und das alles manchmal auch noch in Gegenwart der Kinder! Kinder, die eigentlich nur eines wollen: stolz sein auf ihre Eltern. Aber stattdessen müssen sie sich für diese schämen. Oder sie schämen sich statt ihrer. Weil die Eltern vor lauter Schmerz und Ausweglosigkeit keinen Blick mehr für die Nöte der jeweils anderen haben …

Was kann man hier nur raten? Wenigstens dies: Vermeiden Sie solche Zusammenstöße unbedingt! Behalten Sie im Umgang miteinander wenigstens die grundlegenden Formen der Zivilisation bei: einander grüßen, höflich sein, einen gesitteten Wortschatz an den Tag legen. Wenigstens in Gegenwart der Kinder. Denn wie gesagt: Sie sind Vorbild. Im Guten wie im Schlechten. Ihr Verhalten prägt das künftige Verhalten Ihrer Kinder. Sie sind ein Spiegel. Das sollten Sie nie vergessen – einmal davon abgesehen, dass Ihnen sogar das Gesetz eine sogenannte Wohlverhaltensklausel auferlegt. Demnach haben Sie die Pflicht, alles zu unterlassen, was »das Verhältnis des Kindes zum jeweils anderen Elternteil beeinträchtigt oder die Erziehung erschwert«.

Eine Familie, auch wenn sie voneinander getrennt lebt, ist ein Geflecht von Beziehungen. Bewegt sich einer, sind alle anderen zwangsläufig mit beteiligt. Diese Erkenntnis können Sie nutzen, wenn es Ihnen gelingt, Ihre Einstellung zu bestimmten Themen zu hinterfragen und zu klären. Denn dann werden unwillkürlich auch die anderen Familienmitglieder davon bewegt. Dazu ist es oft gar nicht notwendig, lange Diskussionen zu führen. Entscheidend ist Ihr Tun. Die Art und Weise, in der Sie mit sich selbst und mit Ihren Familienmitgliedern umgehen, bestimmt den Ton in Ihrer Familie mit.

Außerdem sollten Sie sich ab und zu daran erinnern, dass Sie diesen anderen Menschen, der immerhin eine Hälfte der Eltern ausmacht, doch einmal geliebt haben. Oder wenigstens war er Ihnen so wichtig, dass Sie zusammen ein Kind gezeugt haben. Was für ein Zeugnis stellen Sie sich selbst aus, wenn Sie jetzt miteinander umgehen wie Feinde?

Was Sie für die Entwicklung Ihres Kindes tun können

Eines sollten Sie also nie vergessen: Für Kinder ist es sehr, sehr wichtig, ihre Eltern auch dann zu behalten, wenn deren Beziehung auseinandergeht! Doch selbst wenn wir uns das fest vornehmen: Wir alle haben in unserem Leben schon mit existenziellen Ängsten und wirren Gefühlen zu kämpfen gehabt und wissen von daher, wie weit unsere guten Vorsätze und deren Ausführung bisweilen auseinanderklaffen. Unser Vorsatz, gute Eltern zu bleiben, ist nicht immer mit dem in Einklang zu bringen, was dann in der Wirklichkeit abläuft.

Trennen sich Eltern, so nimmt die Qualität der Dreiecksbeziehung zweifelsohne ab. Trennung oder Scheidung sind immer für alle Beteiligten ein extremer Lebenseinschnitt, sozusagen ein Megagau – verbunden mit Trauer, Schmerz, Kummer, Selbstwertverlust, Unglücklichsein und Kränkung, manchmal auch mit Erleichterung und Freiheitsgefühlen. In jedem Fall ändert sich für die Betroffenen das Leben grundlegend. Oft verliert ein Elternteil – oder manchmal sogar beide – in der Trennungsphase den Bezug zur Realität der anderen Familienmitglieder und damit auch das Einfühlungsvermögen in die Lage seiner Kinder. Für Ihr Kind stellt die Trennung eine schwere Erschütterung des seelischen Gleichgewichtes dar, auch wenn dies manchmal äußerlich einen anderen Anschein haben mag.

Damit sich Kinder aus Scheidungsfamilien trotzdem gut entwickeln können, müssen von Anfang an folgende Voraussetzungen gegeben sein:

▶ Die Möglichkeit, zu beiden Eltern eine Beziehung zu entwickeln, die zu einer Mutter-Kind- und zu einer Vater-Kind-Beziehung führt. Dazu gehören die naturgegebenen Kriterien, dass diese Beziehung

▶ ein Leben lang dauert

▶ und unkündbar ist.

▶ Die sichere Zuneigung beider Eltern. Dazu gehört:

▶ das Kind nicht aus eigener Bedürftigkeit übermäßig an sich zu binden,

▶ für das Kind von Anfang an emotional verfügbar zu sein,

▶ die immer wiederholte Zusicherung, dass das Kind keinen Elternteil verlieren wird,

▶ das ausdrückliche Zugeständnis »Es ist gut, wenn du zum Papa/zur Mama gehst«

▶ und die unausgesprochene Erlaubnis – etwa durch Mimik, Gestik und Stimmlage –, den anderen Elternteil lieben und seine Liebe zu ihm auch zeigen zu dürfen. Das gelingt dann, wenn das Kind freudig und ohne Schere im Kopf von seinen schönen Erlebnissen bei dem anderen Elternteil erzählen darf. Zweifel sind angebracht, wenn Geschichten ›gefallen‹ wie: »Der Papa/die Mama kocht nicht so gut wie du« oder »Die Freundin vom Papa/der Freund von der Mama ist blöd«. Hier hat sich das Kind möglicherweise mehr auf die Bedürfnisse und Wünsche seiner Eltern eingestellt als auf seine eigenen.

▶ Die Erlaubnis, über den als Verlust erlebten Auszug traurig und wütend zu sein und diese Gefühle auch zeigen zu dürfen.

▶ Eine für das Kind erfahrbare positive Beziehung der Eltern zueinander: Das verlangt von beiden Eltern gegenseitigen

Respekt und Höflichkeit vor dem anderen – auch nach der Trennung als Paar. Eine positive Darstellung des jeweils anderen Elternteils ist notwendig, um das Bild des Kindes und damit seine eigene Identität nicht zu gefährden. Wer den ehemaligen Partner abwertet, wertet dessen Teil im eigenen Kind ab. Auch wenn sich die Eltern dessen nicht bewusst sind: Die Kinder wissen und spüren das. Ihr Selbstwertgefühl erleidet empfindliche Einbußen.

▸ Positive Beziehung bedeutet in der Praxis:

▸ Eltern sollen vor dem Kind nicht böse über den jeweils anderen sprechen. Der Elternteil, bei dem das Kind wohnt, der also praktisch das Sorgerecht hat, besitzt größere Macht und größeren Einfluss auf das Kind. Er kann viel mehr zum Positiven oder zum Negativen wenden als der andere Elternteil.

▸ Die Ausgrenzung des anderen Elternteils nach der Trennung ist für das Kind Leid genug. Darum ist es wichtig, Weihnachten, Ostern, Geburtstag oder andere bedeutende Festtage in der Erinnerung des Kindes zu stärken. Es hilft dem Kind, wenn es Feste am zweiten oder dritten Tag beim getrennt lebenden Elternteil nachfeiert.

▸ Kinder und Jugendliche brauchen Unterschiede und Ergänzungen für ihre Entwicklung. Sie brauchen zum Beispiel Mutter- und Vatersprache, Mutter-Chaos und Vater-Ordnung (oder umgekehrt), Mutter- und Vater-Gefühle, Mutter am Heiligen Abend und Vater am zweiten Weihnachtstag.

▸ Die väterliche Welt unterscheidet sich von der mütterlichen. Dies sollte nicht als Problem, sondern als Chance und Reichtum für das Kind aufgefasst werden. Viele alleinerziehende Eltern problematisieren jedoch diesen Unterschied und meinen, nur ihre Welt kann für das Kind förderlich sein.

> Kein Mensch ist es wert, dass man ihm ewig
> hinterherläuft. Außer das eigene Kind!
> WOLFGANG

Eltern ihrerseits sollten im Idealfall folgende Eigenschaften aufbieten, an denen es gerade im Trennungskonflikt erfahrungsgemäß meistens fehlt:

▸ Verständnis
▸ Ehrlichkeit
▸ Zuverlässigkeit
▸ Offenheit
▸ Verlässlichkeit
▸ Bereitschaft zur Zuwendung
▸ Verhandlungs- und Kompromissbereitschaft

Wie Kinder sich von einem Elternteil entfremden

Wenn sich Eltern trennen, bedeutet das für ein Kind, mehr oder weniger plötzlich einen Vater und eine Mutter zu haben, die einander nicht mehr lieben. Bewusst oder unbewusst wird sich das Kind fragen: Und was ist mit mir? Darf *ich* weiterhin beide lieben? Um sich aus diesem Konflikt befreien zu können, müssen ihm die Eltern trotz ihrer eigenen schwierigen Situation helfen und ihm – wie oben bereits angesprochen – in jeder Weise zeigen, dass es völlig in Ordnung ist, wenn es gegenüber dem anderen Elternteil anders empfindet als sie selbst.

Doch wie oft entwickeln Eltern Hass- und Wutgefühle auf den anderen, Gefühle wie die, die ich in dem folgenden Fragebogen geschildert habe! Wie häufig passiert es, dass noch zu Beginn der Familientrennung der Umgang mehr oder weniger gut funktionierte, dass Sie Ihr Kind ein paar Mal sehen durften, dass aber plötzlich mehr oder weniger merklich Umgangsstörungen auftraten, die sich verstärkten!

Wie entspannt ist das Verhältnis zu Ihrem Ex-Partner?

In Anlehnung an Ursula Kodjoe hier eine Checkliste, die sich zwar an den richtet, bei dem das Kind lebt, also in den meisten Fällen die Mutter, der aber auch Ihnen Aufschluss über das Verhältnis zu Ihrer Ex-Partnerin geben kann. Mit der Anzahl der mit Ja beantworteten Fragen wächst die Wahrscheinlichkeit, dass über das Kind eigene Ängste, Trauer über die gescheiterte Beziehung und Wut auf den ehemaligen Partner ausgelebt werden. Damit wird zwar auch der Partner getroffen, vor allem aber das Kind, das auf diese Weise Schaden erleidet. Nicht zuletzt schädigt sich dieser Elternteil aber auch selbst und vermindert seine eigene Lebensqualität beträchtlich.

TIPP Versuchen Sie, mit Ihrer Ex-Partnerin über diese Themen zu reden, um ihr bestimmte Ängste zu nehmen oder zu verdeutlichen.

▸ Gibt es Ihnen einen Stich, wenn Sie merken, dass das Kind sich auch auf den anderen freut? Macht es Ihnen Angst, macht es Sie traurig oder zornig, dass es Ihren Ex-Partner liebt, obwohl er Ihnen so viel angetan hat?

▸ Versuchen Sie, das Kind unmerklich dem anderen Elternteil zu entfremden, ist es an den Umgangstagen häufig erkältet, eingeladen etc., sodass es nicht hingehen kann? Freuen Sie sich, wenn es erzählt, beim anderen Elternteil sei das Essen nicht gut oder seine Freundin/Freund sei doof?

▸ Versteifen Sie sich auf gerichtliche Anordnungen, statt zu fühlen, was Ihr Kind braucht: Achten Sie auf die Minute genau darauf, wann es abgeholt und zurückgebracht wird? Wird es wortlos an der Tür, vor dem Haus, auf dem Parkplatz übergeben?

▸ Sagen Sie »Du musst jetzt wieder deinem Vater/deiner Mutter gehen«, obwohl Sie denken: »Wenn du mich liebst, dann gehst du nicht«?

▸ Laufen Sie vorher unruhig und mit Tränen in den Augen herum? Schließen Sie es erleichtert in die Arme, wenn es (entgegen Ihren Erwartungen) heil zurückkommt?

▸ Rufen Sie ständig ›dort‹ an, um zu sehen, ob alles in Ordnung ist?

▸ Reden Sie sich ein, das Kind braucht seine Ruhe vor dem Vater/der Mutter, obwohl Sie wissen, es braucht Ruhe vor Ihrem Streit?

▸ Argumentieren Sie – obwohl Sie wissen, dass jedes Kind von seinen Eltern geliebt werden und Sie beide lieben will – damit: »Das Kind darf von mir aus zum anderen, es will aber nicht«? Respektieren Sie diesen scheinbaren Kindeswillen nur allzu gerne?

▸ Sind die Großeltern, Tanten, Onkel und Freunde des anderen Elternteils plötzlich auch kein Umgang mehr für das Kind?

▸ Denken Sie (als Mutter) darüber nach, ob Sie dem Kind Ihren wieder angenommenen Mädchennamen geben sollen?

▸ Schließen Sie den anderen von Familienfeiern wie Einschulung, Schulabschlussfeier, Konfirmation, Kommunion, Großelterngeburtstage etc. seit der Trennung prinzipiell aus? Suchen Sie rundum nach Bestätigung für diese Ausgrenzung?

Was Mütter alles falsch machen

Dass auch an den Besuchstagen des Vaters ein Kind wirklich mal krank wird oder ein Geburtstag ansteht, ist ganz normal. Aber Vorsicht, wenn sich diese ›Zufälle‹ häufen und wenn Sie merken, dass Kontakte nicht nachgeholt und einfach ›vergessen‹ werden. Oft beginnt ein Teufelskreis: Der Vater wird zunehmend zum Ahnungslosen degradiert. Er erfährt keine Schulnoten, Zeugnisse und Befunde von Ärzten, Psychologen und Erziehern mehr, er wird nicht über Elternabende, Schulfeste, Theater- oder Sportveranstaltungen des Kindes informiert, zu denen normalerweise beide Eltern eingeladen sind. Auch bei Familienfeiern oder familiären Festen wie Einschulung, Konfirmation, Kommunion wird er zur unerwünschten Person erklärt, was fast immer damit begründet wird, seine Anwesenheit belaste das Kind. Eine aufschlussreiche Erläuterung für diese Argumentation wird nicht gegeben. Auf diese Weise wird dem Kind vermittelt, dass die Anwesenheit des Vaters stört oder sogar das Fest ruiniert.

Hintergrund eines solchen Verhaltens der Mutter ist es (oft sogar unbewusst, nicht selten aber auch bewusst!), die eigene Beziehung zum Kind zu schützen – auch wenn dies zu Lasten der zweiten Elternbeziehung geht. Doch als Folge der mangelnden Beteiligung des anderen Elternteils geht die Basis für eine befriedigende Eltern-Kind-Beziehung auf diese Weise zunehmend verloren.

Einer Mutter, die von einer solchen (oft unbewussten!) Angst heimgesucht wird, gehen die väterlichen Kontakte zum Kind stets zu weit, egal wie vorsichtig sie angebahnt werden. Symptome, die das Kind aufgrund der Trennung zeigt, werden immer dem vom Kind vermeintlich abgelehnten Elternteil in die Schuhe geschoben, mit dem Argument, die Kontakte mit dem Vater täten ihm nicht gut und würden es verunsichern. Der Vater wird so für Schulprobleme, körperliche Symptome, Trennungsreaktionen verantwortlich gemacht, Erzieher und Lehrer werden zu Bündnispartnern.

Das Kind, so heißt es jetzt, brauche Ruhe und Zeit, sich an die neue Situation zu gewöhnen, und deswegen müssten die Kontakte (vorläufig) reduziert oder ausgesetzt werden, bis es psychisch stabil genug sei, Begegnungen mit dem Vater wieder zu verkraften. Übersehen wird dabei, dass es gerade die fehlenden Kontakte sind, die ein Kind verunsichern und belasten. Aus diesem Grund werden zum Beispiel auch Übernachtungen beim und Ferien mit dem anderen Elternteil abgelehnt, weil das Kind angeblich die lange Trennung von der Mutter nicht ertrage – eine unberechtigte Furcht, wie Experten übereinstimmend bestätigen und – wie etwa Wera Fischer, Leiterin des Instituts für Familienmediation in Sinsheim – mit dem Hinweis verknüpfen, dass sich Eltern ähnliche Gedanken kaum machen, wenn sie ihr Kind in die Obhut von Verwandten, Freunden oder gar fremden Babysittern geben. Auch hohe Feiertage darf das Kind nicht mit dem anderen Elternteil verbringen; Lösungen, die einen jährlichen Wechsel vorsehen, werden in aller Regel ebenfalls nicht akzeptiert.

All diese Maßnahmen vermitteln dem Kind, der Vater sei unwichtig und würde sich nicht für es interessieren. Es gerät unweigerlich in Konflikt und identifiziert sich mit den Bedürfnissen desjenigen Elternteils, mit dem es zusammenlebt. Die Angst, diesen auch noch zu verlieren, wächst stetig. Und davon einmal abgesehen: Welches Kind kann sich schon gegen den erziehenden Elternteil zur Wehr setzen?

Es muss also Ruhe einkehren, der Umgang muss für einige Zeit ausgesetzt werden – erst für drei Monate, dann für ein halbes Jahr, dann für ein Jahr. Ist dieses Ziel erreicht – und es wird nur allzu oft erreicht –, vollzieht sich während der verordneten Beziehungspause der Kontaktabbruch häufig fast von selbst. Die Argumentation lautet: Die Beziehung ist abgerissen, die Bindung besteht kaum mehr, ein oder zwei Wiederannäherungsversuche erweisen sich als erfolglos. Häufig haben die Kinder selbst die Beziehung mittlerweile resigniert aufgegeben; sie sind zerrissen durch den Streit, den sie nicht mehr ertragen und vor dem sie tatsächlich endlich Ruhe haben wollen. Die Flucht des Kindes in bessere, schönere Fantasiewelten kann hier ihren Ursprung haben.

Was Väter alles falsch machen

Keinesfalls möchte ich den Eindruck erwecken, dass es immer nur die Mütter sind, deretwegen das Verhältnis vom Kind zum Vater angespannt ist oder oft auch völlig in die Brüche geht. Nein, Väter betreiben nur allzu oft ihre Entfremdung selbst. Aus Dummheit, Gleichgültigkeit, Desinteresse, Bosheit, Selbstüberschätzung und was der Gründe noch mehr sind, die dazu beitragen, dass sich Kinder von ihren Vätern abwenden. Von Vätern, die Besuchstermine sausen lassen, ohne Kinder und Mutter zu informieren, von Vätern, die mal kommen und mal nicht, die ihre Kinder mal abholen und mal nicht, die wochenlang in der Versenkung verschwinden und sich dann wundern, wenn niemand sie mit offenen Armen und offenem Herzen aufnimmt.

Kinder spüren sehr gut, ob sie willkommen sind oder nicht. Wenn Abholtermine zwar eingehalten werden, aber der Nachwuchs alsbald bei irgendwelchen Freunden, Bekannten oder Verwandten ›geparkt‹ wird, weil Vater was Besseres vorhat, trägt dies genauso wenig zur Vertrauensbildung bei wie das Verhalten von Vätern, die Dauer-Action mit einem freundschaftlichen, vertrauensvollen Verhältnis zu ihren Kindern verwechseln. Sich für das interessieren, wofür sich die Kinder interessieren – das ist wesentlich verbindender als ein Highlight an das nächste zu reihen –, bis einem schließlich die Ideen, die Luft und das Geld ausgehen. Hobbys, Spiele und gemeinsame Interessen müssen nicht teuer sein. Sie erfordern vielmehr Fantasie, guten Willen und Einfühlungsvermögen. Mehr dazu lesen Sie im dritten, praktischen Teil dieses Buches.

Keine Frage, dass auch der finanzielle Aspekt bei der Vater-Kind-Entfremdung eine große Rolle spielt: Viele Väter zahlen ihren Unterhalt kaum oder gar nicht, sie zahlen unpünktlich und unregelmäßig, sie halten sich nicht an finanzielle Vereinbarungen. An dieser Stelle alle Väter über einen Kamm zu scheren ist ebenso wenig hilfreich wie eine Pauschalverurteilung von Müttern, die sich dagegen zur Wehr setzen. Doch die Frage darf erlaubt sein, was wohl in einem Kind vorgeht, das mehr oder weniger regelmäßig die finanziellen Auseinandersetzungen der getrennten Eltern miterlebt. Es wird irgendwann, schlicht gesagt, die Nase voll haben und nichts mehr davon wissen wollen.

Väter, die ihren Kindern vorjammern, dass sie von der Mutter bis aufs Hemd ausgezogen werden, dass sie bluten müssen, dass sie der ärmste Mensch unter der Sonne sind – Väter, die so agieren, müssen sich nicht wundern, wenn sich ihre Kinder irgendwann von ihnen abwenden. Diese Auseinandersetzungen betreffen die Ebene des (ehemaligen) Ehepaares, sie haben auf der Elternebene nichts verloren! Dies gilt natürlich auch für Mütter, die meinen, sich bei ihren Kindern über die mangelhafte Zahlungsmoral des ›Erzeugers‹ austoben zu müssen.

Vermeiden Sie also in jedem Fall das Waschen schmutziger Wäsche im Beisein der Kinder und missbrauchen Sie diese auch nicht als Ersatzpartner, mit dem Sie Ihre partnerschaftlichen Probleme besprechen (»Du bist doch mein gutes Mädchen, dir kann ich das ja alles sagen«).

Das betrifft auch die häufig unternommenen Versuche, sich ins Privatleben des Ex-Partners einzumischen (»Hat Papa eine neue Freundin?«, »Jetzt, wo Mutti wieder arbeitet, kriegt ihr doch bestimmt mehr Taschengeld?« und ähnliche Versuche, Neues aus dem Leben des anderen zu erfahren). Das Kind merkt die Absicht und ist irgendwann verstimmt. Denn Hand aufs Herz: Wer möchte sich schon gern als Spion missbraucht sehen, abgesehen davon, dass die Loyalität der Kinder zum anderen Elternteil auf absolut unzulässige Weise auf die Probe gestellt wird.

Das ist auch dann der Fall, wenn Vaters neue Freundin oder Mutters neuer Freund auch gleich die neue Mutter oder der neue Vater der Kinder werden soll, wenn sie ihnen sozusagen als die bessere Alternative aufgedrängt wird. Auch dieser Versuch kann nur schiefgehen.

Angst als Motiv für Entfremdung

Eltern, die ihre Kinder gegen den anderen beeinflussen, handeln, wie beschrieben, oft aus einer panischen Angst heraus, nach dem Partner auch noch das Kind zu verlieren. Hinzu kommen Motive wie Wut, Hass oder Rache, um den anderen zu treffen oder zu quälen. Ist ein Elternteil von diesem Syndrom betroffen, bildet er mit seinem Kind eine enge Koalition, zu der niemand Zugang hat, nach dem Motto: »Wir gegen den Rest der Welt«.

Etwa bis zum zehnten Lebensjahr können Kinder nicht zuverlässig zwischen eigener Wahrnehmung einerseits und eigenen Fantasien oder Geschichten, die ihnen jemand erzählt, andererseits unterscheiden. Der Prozess, in dem ein Kind lernt zu erfahren, was Realität ist, wird nachhaltig gestört, wenn das Missverhältnis zwischen dem, was es wahrnimmt, und dem, was ihm erzählt wird, nicht bemerkt und aufgelöst werden kann. Erfundene Gefahren und unwahre Behauptungen über den anderen Elternteil zerstören das Vertrauen des Kindes in seine eigene Wahrnehmung.

Das Kind ist gezwungen, die falsche Realität anzunehmen, um die Beziehung zum betreuenden Elternteil nicht aufs Spiel zu setzen. Wird der Kontakt abgebrochen, muss es die Prüfung der Realität aufgeben und übernimmt stattdessen die verzerrten Geschichten des Erwachsenen. Kinder, die in einem ständigen Klima von Wut und Ablehnung gegen einen Elternteil leben, übernehmen diese Stimmung nur allzu schnell.

Aus Sicherheitsbedürfnis, Abhängigkeit, Trauer, Wut und Angst, auch noch den Elternteil, mit dem es zusammenlebt, zu verlieren, identifizieren sie sich mit dem manipulierenden Elternteil und schlagen sich radikal auf seine Seite. Je jünger das Kind, desto schneller vollzieht sich dieser unheilvolle Prozess. Das Kind wird dadurch zwar – zumindest vorübergehend und oberflächlich – aus dem unerträglichen Loyalitätskonflikt zwischen den Eltern befreit, zahlt dafür jedoch einen hohen Preis.

Manche unberechtigten Vorwürfe eines sexuellen Missbrauchs müssen nach Ansicht von Psychologen in diesem Licht gesehen werden. Zweifelsohne gibt es keinen sensibleren Bereich in einer Eltern-Kind-Beziehung als diesen. Doch in vielen Fällen geht es nur vordergründig um tatsächlichen Kindesmissbrauch. In Wahrheit steht oft der Wille dahinter, das Kind gegen den anderen schützen zu müssen – mit allen Mitteln. Dabei wird das abhängige Kind jedoch vielmehr zum Schutz des Elternteils vereinnahmt. Das mag aus der Sicht des Betroffenen in gewisser Hinsicht verständlich sein, für das Kind ist es fatal.

> Ein Vater ist für Töchter eminent wichtig. Solange
> die Kinder es wollen (meine Tochter ist erst neun,
> ich weiß nicht, wie das in der Pubertät und danach
> werden wird), ist Kuscheln und Schmusen was
> Schönes und Wichtiges. Meine Tochter sitzt immer
> wieder einfach auf meinem Schoß und schnuckelt sich

an. Wenn man selbst klar ist, sehe ich keine Gefahr eines Missbrauchs und habe auch keine Angst vor solchen Vorwürfen. Lässt man sich hingegen von natürlicher, kindgemäßer körperlicher Nähe abhalten, wie wird das Kind dies verarbeiten? Es müsste sich abgelehnt fühlen, man würde also dem Kind schaden, nicht nützen.

RUDOLF

PAS – die Eltern-Kind-Entfremdung

Viel von dem, was ich soeben beschrieben habe, weist auf ein längst bekanntes, aber immer noch viel zu wenig beachtetes Phänomen hin: die Eltern-Kind-Entfremdung (kurz: EKE), ursprünglich im englischen ›Parental Alienation Syndrome‹, kurz PAS, genannt. Der Begriff – frei übersetzt: ›von außen herbeigeführte Eltern-Kind-Entfremdung‹ – wurde Mitte der 1980er Jahre von dem 2003 verstorbenen amerikanischen Kinderpsychiater Professor Richard A. Gardner geprägt. PAS bedeutet die plötzliche, nicht nachvollziehbare kompromisslose Zuwendung eines Kindes zu einem – dem ›guten, geliebten‹ – Elternteil und die ebenso kompromisslose Abwendung vom anderen – dem ›bösen, gehassten‹ – Elternteil. Die Zurückweisung gilt demjenigen Elternteil, mit dem das Kind nicht mehr in häuslicher Gemeinschaft lebt, der nicht oder gemeinsam sorgeberechtigt ist und lediglich ein Umgangsrecht hat.

Während PAS in der Fortentwicklung des US-amerikanischen Familien- beziehungsweise Kindschaftsrechts schon längst eine erhebliche Rolle spielt, findet es in der deutschen Rechtsprechung bisher kaum Resonanz, ja, häufig ist es den zuständigen Gutachtern und Richtern nicht einmal bekannt!

Ich sagte es bereits: Etwa 50 Prozent der bundesdeutschen Väter haben bereits ein Jahr nach der Scheidung keinen Kontakt mehr zu ihren Kindern – ein fataler Befund für Eltern und Kinder, hinter dem leidvolle Schicksale und häufig seelische Katastrophen stehen. Die Gründe für diesen Befund können sehr verschieden sein. Die PAS-Problematik spielt jedoch in etwa jedem fünften Fall eine Rolle. Gelegentlich wird in der Fachwelt darüber diskutiert, ob es sich wirklich um ein Syndrom handelt oder einfach um ein Phänomen, das mit ›unangemessene Beeinflussung unterschiedlicher Herkunft‹ besser beschrieben wäre (siehe Dr. Rudolf Sponsel, Erlangen). Diese Fachdiskussion sollte betroffene Eltern jedoch nicht vom Kernproblem ablenken.

Drei Faktoren aufseiten des betreuenden Elternteils, des Kindes und der Umwelt führen zu der aggressiven Ablehnung und Zurückweisung des anderen Elternteils durch das Kind und tragen zu der vielen Wochenendvätern vertrauten Entfremdung bei:

1. Eine teils bewusste, teils unbewusste Programmierung (Gehirnwäsche, Manipulation) durch den ständig betreuenden Elternteil. Sie hat zum Ziel, die Liebe des Kindes zum anderen Elternteil zu zerstören und diesen aus dem Leben des Kindes zu verdrängen. Der betreffende Elternteil nimmt nicht wahr, dass das Kind für seine psychische Gesundheit auch auf die innere Verbundenheit mit dem anderen Elternteil angewiesen ist.

2. Vor diesem Hintergrund bilden die Kinder Fantasien aus, die über das Ziel der Manipulationen des betreffenden

Elternteils oft noch hinausschießen: Der abwesende Elternteil wird zum Lügner, Versager, zu einem, der sich nicht kümmert, der nichts versteht, nicht aufpasst und so weiter. Da zerreißt das Kind dann vor den Augen der Mutter Briefe oder wirft Pakete vom Vater weg, um sich auf diese Weise loyal zu zeigen.

3. Äußere, situationsabhängige Lebensbedingungen der Familie wie ein Umzug mit den Kindern in eine andere Stadt kommen hinzu. Die Programmierung der Kinder wird außerdem oft durch Außenstehende, also Angehörige, Freunde und Nachbarn der betreuenden Mutter, noch unterstützt.

Doch auch die Väter selbst und ihre Angehörigen sind oft nicht ohne Anteil, wenn sich eine Familiensituation derart zuspitzt. Sie reagieren entweder zu aggressiv und tragen somit zur Eskalation bei. Oder sie reagieren hilflos, ziehen sich zurück und überlassen ›der anderen Seite‹ das Feld. Siehe den Abschnitt über das Fehlverhalten der Väter.

PAS betrifft Kinder jeden Alters, es wurde ab dem zweiten Lebensjahr bis zur Volljährigkeit diagnostiziert. Die Folgen reichen bis weit ins Erwachsenenalter hinein. Tatsache ist: Je jünger, desto beeinflussbarer sind Kinder. Ihre Reaktionen zeigen sich je nach Alter und Entwicklungsstand. Verhaltens-, Leistungs- und Entwicklungsstörungen sind oft nichts anderes als verzweifelte Bewältigungsversuche und stumme Appelle der Betroffenen.

Die Kette von Umgangskonflikten reicht von leichten Störungen bis zum gezielt betriebenen Kontaktabbruch. An fast jeder Stelle dieses Prozesses kann PAS einsetzen und durch die aktive Ablehnungshaltung der Kinder den Prozess beschleunigen. Da sie von einem Elternteil auf dessen eigene zerstörerische Gefühle eingeschworen sind, werden sie zu Komplizen einer ungerechtfertigten Kampagne von Verleumdungen, Verunglimpfungen und Entwürdigungen gegen den anderen Elternteil gemacht. Die Gehirnwäsche ist dabei so umfassend und kindgerecht, dass die ihr unterzogenen Kinder eigene Energien mobilisieren und die Ablehnung des Zielobjekts zusätzlich auf ihre Weise betreiben.

In etwa 90 Prozent der Fälle von PAS programmiert die betreuende Mutter das Kind, in den restlichen zehn Prozent ist es der Vater gegen die Mutter. Das hängt mit der überwiegenden Sorgerechtsübertragung auf Frauen zusammen, bei denen das Kind dann auch meistens lebt. Plötzlich und ohne ersichtlichen, triftigen Grund weigert sich ein Kind, einen Elternteil (jemals) wiederzusehen. Trotz bestehenden Umgangsrechts scheint ›nichts zu machen‹ zu sein. Jugendamt, Familienrichter und Sachverständige kapitulieren früher oder später vor diesen eindrucksvollen Demonstrationen des vermeintlichen Kindeswillens. Zur bekannten Argumentation »Wenn die Mutter nicht will« gesellt sich dann »Wenn das Kind nicht will«. Entfremdende Eltern verweisen oft sehr schnell auf den Willen des Kindes. Nicht das, was es braucht, ist wichtig, sondern das, was es angeblich will.

Manipulierende Eltern sind davon überzeugt, dass ihr Kind davon profitiert, ohne den anderen Elternteil aufzuwachsen. Oft fällt ihnen kein Argument ein, das für die Kontakte spricht. Und selbst wenn sie betonen, diese Kontakte für wichtig zu halten, handeln sie in Wahrheit anders. Sie lehnen etwa Angebote zu gemeinsamen Gesprächen ab, um die zwischen den Eltern bestehenden Konflikte zu beseitigen und das Kind aus dem eigenen Loyalitätskonflikt zu befreien. Oder sie sind nicht bereit, Bedingungen zu schaffen, die dem Kind den Wechsel von einem Haushalt in den anderen erleichtern. Wenn sie behaupten, der andere vernachlässige das Kind oder er habe es sexuell missbraucht, sind sie nicht gewillt, Bedingungen auszuhandeln, um die Sicherheit des Kindes zu gewährleisten. Die einzige Lösung, die sie akzeptieren, sind Einschränkung oder Abbruch der Kontakte.

Woran erkennen Sie ein PAS-geschädigtes Kind?

Für Professor Richard A. Gardner gibt es acht konkrete Hinweise auf PAS, die in Stärke und Ausprägung variieren können. Nicht jedes Kind zeigt – vor allem bei der leichten Form – alle angeführten Symptome. Es wird zwischen leichter, mäßiger und schwerer Form des PAS unterschieden, was für die Art der notwendigen rechtlichen und psychologischen Eingriffsmöglichkeiten von Bedeutung ist.

1. Zurückweisungen und Verunglimpfungen: Frühere, schöne Erlebnisse mit dem abgelehnten Elternteil werden fast vollständig ausgeblendet. Der abgelehnte Elternteil wird ohne große Verlegenheit und Schuldgefühle abgewertet, als böse und gefährlich beschrieben, sozusagen zur Unperson gemacht. Die Kinder geraten bei ihren Schilderungen in eine große innere Anspannung und können bei näherem Befragen meist nichts konkretisieren. Sie sagen dann oft: »Es ist so« oder »Ich weiß es«.

2. Absurde Rationalisierungen: Die Kinder entwickeln für ihre feindselige Haltung irrationale und absurde Rechtfertigungen, die in keinem wirklichen Zusammenhang mit

tatsächlichen Erfahrungen stehen. Alltägliche Ereignisse werden zur Begründung herangezogen. »Er hat oft so laut geredet«, »Er guckt manchmal so komisch« oder »Er hat mich nicht warm genug angezogen« und Ähnliches.

3. Fehlen von normaler Ambivalenz: Beziehungen zwischen Menschen sind immer ambivalent. An einem Menschen gefällt mir dieses, jenes aber nicht. Bei PAS-Kindern ist ein Elternteil nur gut, der andere nur böse. Unrealistischerweise wird der eine nur weiß, der andere nur schwarz gezeichnet.

4. Reflexartige Parteinahme für den programmierenden Elternteil: Bei Familienanhörungen wird reflexartig, also ohne Zögern und ohne jeden Zweifel, für den betreuenden Elternteil Partei ergriffen, oft noch bevor dieser überhaupt etwas gesagt hat. Auch hier können die Vorwürfe auf entsprechendes Nachfragen oft nicht konkretisiert werden.

5. Ausweitung der Feindseligkeit auf die gesamte Familie und das Umfeld des zurückgewiesenen Elternteils: Großeltern, Freunde und Verwandte des außerhalb lebenden Elternteils, zu denen das Kind bisher eine warme und herzliche Beziehung unterhielt, werden plötzlich ohne plausiblen Anlass ebenso feindselig abgelehnt wie der außerhalb lebende Elternteil selbst. Auch dies wird mit absurden und verzerrten Begründungen gerechtfertigt. Das Kind befindet sich dabei häufig in einer tiefen inneren Spannung und Zerrissenheit.

6. Das Phänomen der ›eigenen Meinung‹: In PAS-Familien werden vom betreuenden Elternteil der ›eigene Wille‹ und die ›eigene Meinung‹ der Kinder besonders hervorgehoben. PAS-Kinder wissen schon mit drei oder vier Jahren,

dass alles, was sie sagen, ihre eigene Meinung ist. Die programmierenden Eltern verweisen besonders stolz darauf, wie unabhängig und mutig ihre Kinder sich trauen zu sagen, was sie denken. Oft werden die Kinder aufgefordert, auf jeden Fall ›die Wahrheit‹ zu sagen. Die erwartete Antwort kommt dann auch mit Sicherheit, denn kein Kind kann die Enttäuschung des betreuenden Elternteils riskieren, von dem es ja abhängig ist. An diesem Punkt zeigt die Programmierung ihre fatalen Folgen: Die Kinder haben verlernt, ihrer eigenen Wahrnehmung zu trauen und sie zu benennen. Die doppelten, widersprüchlichen Botschaften, die sie erhalten, können sie weder erkennen noch auflösen: »Geh ruhig mit deinem Vater!« (verbal), aber »Wehe du gehst!« (nonverbal). Das muss einen doch verrückt machen!

7. Abwesenheit von Schuldgefühlen über die Grausamkeit gegenüber dem entfremdeten Elternteil: Die betroffenen PAS-Kinder haben keine Schuldgefühle. Sie unterstellen, der abgelehnte Elternteil sei gefühlskalt, leide nicht unter dem Kontaktverlust zu seinem Kind und es geschehe ihm nur recht, keinen Kontakt mehr zu haben. Gleichzeitig werden ohne Skrupel finanzielle Forderungen und Ansprüche angemeldet; die Kinder empfinden dies als ihr gutes Recht. Dankbarkeit zeigen sie nicht.

8. Übernahme ›geborgter Szenarien‹: PAS-Kinder schildern teilweise groteske Szenarien und Vorwürfe, die sie von betreuenden Erwachsenen gehört und übernommen, aber nicht mit dem anderen Elternteil selbst erlebt und erfahren haben. Meist genügt die Nachfrage »Was meinst du damit?«, um festzustellen, dass das Kind gar nicht weiß,

wovon es spricht. Einem Vater wurde beispielsweise anlässlich eines Schwimmbadbesuches völlig wahrheitswidrig vorgeworfen, er hätte das Kind fast ertrinken lassen, er sei also ein völlig unverantwortlicher und ungeeigneter Vater.

PAS und die Folgen für die Persönlichkeitsentwicklung des betroffenen Kindes

Richard A. Gardner schätzt PAS in seinen Auswirkungen auf die Persönlichkeit des Kindes ebenso gravierend ein wie sexuellen Missbrauch. Auch andere Fachleute bezeichnen die Erzeugung von PAS durch Manipulation als »emotionale beziehungsweise psychische Kindesmisshandlung«. Rechtlich gesehen ist PAS als psychische Kindeswohlgefährdung durch missbräuchliche Ausübung der elterlichen Sorge unter Ausnutzung des Abhängigkeitsverhältnisses des Kindes im Sinne des § 1666 BGB einzuordnen.

§ 1666 BGB

(1) Wird das körperliche, geistige oder seelische Wohl des Kindes durch missbräuchliche Ausübung der elterlichen Sorge, durch Vernachlässigung des Kindes, durch unverschuldetes Versagen der Eltern oder durch das Verhalten eines Dritten gefährdet, so hat das Vormundschaftsgericht, wenn die Eltern nicht gewillt oder nicht in der Lage sind, die Gefahr abzuwenden, die zur Abwendung der Gefahr erforderlichen Maßnahmen zu treffen. Das Gericht kann auch Maßnahmen mit Wirkung gegen einen Dritten treffen.

Ein so beeinflusstes Kind verlernt, den eigenen Gefühlen und der eigenen Wahrnehmung zu trauen. Es ist auf Gedeih und Verderb auf das Wohlwollen des Elternteils angewiesen, bei dem es lebt. Es verliert das Gefühl für die Realität und für sich selbst. Häufig sind negative Selbsteinschätzung, Selbstwertmangel und tiefe Unsicherheit die Folge. So ein Mensch wird oft wie ein Chamäleon erlebt, das zu keiner klaren Stellungnahme in der Lage ist. Fragen wie »Wer bin ich?«, »Was denke ich?«, »Was fühle ich wirklich?« quält die Betroffenen oft ein Leben lang. Solche Persönlichkeiten sind später zum Beispiel besonders anfällig für radikale Ideologien oder Sekten, die die Welt in schwarz und weiß einteilen.

> Nunmehr stellte ich fest, dass mein 16-jähriger Björn mit großer sprachlicher Raffinesse die ganze Gerichtskorrespondenz für seine Mutter auf der Schreibmaschine schrieb, er also als Partnersubstitut missbraucht wurde. Er war so verhetzt, dass er mir sogar mündlich erklärte, er wolle mich bei seiner Konfirmation nicht dabeihaben. Ich hab's akzeptiert und ihm trotzdem ein Geschenk geschickt!
> PETER

Für den Fall schwerer Entfremdung schreibt Richard A. Gardner: »Nichtstun verdammt beide – sowohl den zum Opfer gemachten Elternteil als auch das Kind – zu gegenseitiger lebenslanger Entfremdung. Es gibt keinen Grund zu glauben, dass solche Kinder, wenn sie erwachsen geworden sind, erkennen, was mit ihnen geschehen ist, und sie sich dann mit dem entfremdeten Elternteil wieder versöhnen.« Selbst wenn der Versuch einer Versöhnung unternommen werde, so der Forscher weiter, sei es nicht wahrscheinlich, dass er sich als erfolgreich erweist: »Zu diesem Zeitpunkt ist die Wahnvorstellung des Kindes, der abwesende Elternteil sei verabscheuungswürdig, so tief in seinen Gehirnwindungen verwurzelt, dass nichts dies zu ändern vermag. Obendrein wird in den vielen Jahren, in denen es absolut keinen Kontakt miteinander gegeben hat, das Fundament, auf dem Beziehungen wachsen, ausgehöhlt sein, wenn es nicht schon völlig zerstört ist.«

Diese Warnung kann von allen betroffenen Eltern und an Scheidungen beteiligten Berufsgruppen – Jugendämter, Anwälte, Mediatoren, Richter und so weiter – nicht ernst genug genommen werden. Denn es geht hier um wesentliche Entwicklungs- und Lebensperspektiven von betroffenen Scheidungskindern, ihren Eltern und unserer Gesellschaft.

Noch ist Deutschland, was diese Erkenntnis angeht, man muss es leider so hart sagen, Entwicklungsland. Dass der Begriff von der Justiz bislang nicht angenommen wird, mag damit zusammenhängen, dass die Erkenntnisse der Forschung auf diesem Feld noch längst nicht abgeschlossen sind. Wer jedoch genau hinsieht, erkennt, dass in der neueren Rechtsprechung indirekt Bezug auf PAS genommen wird. Näheres hierzu im rechtlichen Teil dieses Buches.

Auch von anderer Seite gibt es kluge, allerdings von der Öffentlichkeit bisher kaum wahrgenommene Ansätze, die Entfremdung zu vermeiden. So schlägt der Hechinger Diplom-Psychologe Robert Emmanuel Mayer, selbst Scheidungs- und Stiefvater von mehreren Kindern, die Einführung eines Umgangshelfers vor, der besonders ›sprachlosen‹ Familien helfen und zwischen den einzelnen Familienangehörigen vermitteln könnte.

Mayer: »Ziel muss ein staatlich bestellter Umgangshelfer sein. Bis zu dessen Einführung kann jede umgangsberechtigte Person versuchen, für sich einen privaten Umgangshelfer zu verpflichten: Zunächst muss ein schriftliches Einvernehmen zwischen den Eltern hergestellt sein: Ein langjähriger gemeinsamer Freund, eine Freundin, der Pate, die Patin muss bestimmt werden. Es ist auch möglich, dass er oder sie ehrenamtlich arbeitet und somit aus dem Vereinswesen stammt. Der Umgangshelfer soll das Kind abholen, die Schwellen- oder Übernahmegespräche einvernehmlich führen, das Kind zum umgangsberechtigten Elternteil bringen. Der Helfer möge dem sorgeberechtigten Elternteil versprechen, dass er das Kind nicht mit der umgangsberechtigten Person allein lässt. Damit lassen sich die Ängste und das Misstrauen der sorgeberechtigten Person wirksam eindämmen. Schließlich müssen noch der Raum, in dem man sich immer trifft, Uhrzeit und die Dauer der Treffen bestimmt werden. Anderthalb Stunden sind ein guter Richtwert für die Dauer, einmal monatlich für die Häufigkeit, ein möglichst offizieller Raum das günstige Umfeld, denn das Hinbringen des Kindes in das Wohnumfeld der umgangsberechtigten Person schürt auch massive Ängste bei der sorgeberechtigten Person.«

Ein Ansatz, der, auch wenn er diverse Fragen offenlässt, zeigt, dass auch in Deutschland ein Weiterdenken stattfindet. Vor allem müssten die Qualifikation des Umgangshelfers und die Bezahlbarkeit des Modells hinterfragt werden. Doch es wäre schon viel gewonnen, wenn die Folgen von Egoismus, falsch verstandener Elternliebe und Scheidungsbürokratie endlich allen Verantwortlichen bewusst würden.

Wie Sie reagieren können

Ein Elternteil, der spürt, dass sein Kind sich vor ihm zurückzieht, steht häufig vor zwei Möglichkeiten:

▸ Er kann sich dem ›Wunsch‹ des Kindes fügen und sich seinerseits zurückzuziehen, was aber weder im Interesse des Kindes noch im eigenen liegt.

▸ Er kann versuchsweise gegensteuern. Dazu bedarf er jedoch oft professioneller Hilfe, damit er die Fähigkeit entwickeln kann, die eigenen Anteile an der Dynamik der Entfremdung zu erkennen.

Wenn Sie als Vater Ihrer Ex-Partnerin anbieten, gemeinsam einen Fachmann aufzusuchen, um die bestehenden Probleme zu beseitigen, werden Sie möglicherweise auf Ablehnung stoßen. Derart abgelehnte Väter fühlen sich aus nachvollziehbaren Gründen häufig ungerecht behandelt und hilflos und haben große Angst, ihr Kind zu verlieren. Aus Unsicherheit, wie sie sich verhalten sollen, glauben viele, dass es für ihr Kind besser sei, es dem anderen Elternteil einfach zu überlassen. Viele dieser Väter erkranken nicht selten an psychischen oder psychosomatischen Leiden. Und dann gibt es die anderen, die Aktiven, die sich in der Hoffnung, zu ihrem ›Recht‹ zu kommen, an Gericht oder Jugendhilfe wenden. Sie fordern, oft ziemlich aggressiv, so schnell wie möglich das ihnen zustehende Umgangsrecht.

In beiden Fällen wird jedoch oft übersehen, dass es zunächst notwendig ist, die angekratzte Verbundenheit des Vaters mit dem Kind zu stärken. Das braucht Geduld und fordert Ihre Fähigkeit heraus, die Beziehung zum Kind durch einfühlsames Verhalten wieder zu festigen. Abgelehnte Väter müssen, so schwer das auch sein mag, lernen, die Abwertungen und Unterstellungen des Kindes zu ertragen, ohne sich darüber zu ärgern. Sauer zu reagieren schwächt die innere Verbundenheit weiter und verstärkt nur das negative Bild, das Ihr Kind von Ihnen hat. Auch wenn Ihr Ärger noch so berechtigt ist: Halten Sie ihn unter Kontrolle, um diesen Effekt zu vermeiden.

> Meine jüngere Tochter hat mir einmal unvermittelt ins Gesicht gespuckt, verzerrte dann ihre Miene, wurde einen Moment ruhig, dann war es ihr peinlich, und sie versuchte, die Situation zu überspielen.
> Wer da nicht die Ruhe behalten kann, verliert seine Kinder!
> CHRISTIAN

Die Ablehnung des Kindes lässt sich nicht dadurch beseitigen, dass Sie den anderen Elternteil dafür verantwortlich machen. Vielmehr ist es wichtig, ruhig und konstruktiv zu bleiben, was allerdings hohe Anforderungen an Ihre Selbstdisziplin stellt. Wenn Sie sich umfassend über die Mechanismen informieren, die beim manipulierenden Elternteil und beim Kind wirken, sollte dies jedoch zu schaffen sein. Je klarer Sie selbst sind, je deutlicher Sie Ihrem Kind, aber auch der Mutter zeigen, dass Sie der Vater sind, egal was kommt, desto schwieriger wird es, Ihnen diese Rolle abspenstig zu machen. Wenn Sie jedoch in die typischen, ausführlich angesprochenen Männerfehler verfallen, wenn Sie etwa unzuverlässig und unpünktlich sind oder Ihr Kind nicht hinreichend mit dem versorgen, was es braucht, dann leisten Sie der Ablehnung durch Ihr Kind Vorschub.

Viele Väter schlüpfen auch gern in eine Verteidigungshaltung, wenn das Kind Botschaften des anderen Elternteils überbringt, etwa: »Mama möchte endlich wissen, warum du immer so unpünktlich Unterhalt bezahlst!« Dann ist man(n) versucht zu erklären, zu argumentieren, um das Kind von seiner eigenen Wahrheit zu überzeugen. Dabei wird übersehen, dass dies den Loyalitätskonflikt des Kindes zusätzlich verstärken kann. Wer jetzt seinem Ärger Luft macht und den anderen Elternteil herabwürdigt (»Typisch deine Mutter – immer geht's ihr nur um die Kohle!«) oder wer sogar das Kind mit in den Konflikt hineinzieht (»Rede doch nicht von Dingen, die du nicht verstehst. Das hat dir doch nur die Mutter wieder eingebläut!«), verschärft ihn nur noch weiter. Zum einen riskiert er, dass sein Kind sich vom Vater nicht ernst genommen fühlt, zum andern könnte es dazu übergehen, die Mutter (mit der es sich meist überidentifiziert) zu verteidigen, und dadurch das Bild vom Vater als dem Bösen noch verstärken.

Derartiges Verhalten dient also nur dazu, die ungute Situation weiter zu zementieren. Väter, die sich stur stellen oder zurückschießen, scheinen das Vorurteil der Mütter zu bestätigen – eine Spirale von Ohnmacht, Ignoranz und Hass wird in Gang gesetzt, die ein Zurück immer schwerer werden lässt.

Aus diesen Gründen sollten Sie besser alles versuchen, Ihr Kind aus dem Konflikt zu entlassen, statt es mit hineinzuziehen. Sie sollten ihm zu verstehen geben, dass Sie seine Sicht verstehen, und ihm erklären, dass Sie es lieben, egal wie schwer die Lage im Augenblick auch sein mag. Das heißt nicht, dass Sie Ihrem Kind eine heile Welt vorgaukeln sollten. Kinder haben ein sehr gutes Gespür dafür, wenn etwas nicht stimmt. Es ist sicher der richtige Weg, in kindgemäßer Sprache auf die Situation einzugehen. Allerdings werden Sie mit der Erörterung von komplizierten juristischen Sachverhalten oder einer psychologischen Abhandlung Ihrer Partnerschaftsprobleme die Probleme vermutlich nicht lösen. Hierfür ist Ihre Ex-Partnerin der richtige Adressat, nicht das Kind.

Für abgelehnte Eltern ist es kaum erträglich, mit den beschriebenen Umständen zurechtzukommen. Sie brauchen (beispielsweise therapeutische) Hilfe, um jetzt durchzuhalten, anstatt zu fliehen, alles kurz und klein zu schlagen oder vollends zu resignieren. Es gilt, Strategien und Fertigkeiten zu entwickeln, mit denen Sie selbst Veränderungen herbeiführen können. Vom anderen zu fordern, er solle aufhören zu manipulieren, ist vergebene Liebesmüh. So brutal die Wirklichkeit manchmal auch ist: Nur wenn Sie begreifen, dass es in Ihrer Situation oft keine schnelle, ja manchmal sogar überhaupt keine Lösung mehr gibt, können Sie Ihrem Kind (und sich selbst) weiterhelfen. Lockern Sie den Loyalitätskonflikt Ihres Kindes. Lassen Sie es erfahren, dass Sie ein liebender, kompetenter, zuverlässiger Vater sind. Auf diese Weise kann es vielleicht gelingen, die Beziehung zu Ihrem Kind wieder zu festigen und sein verinnerlichtes Bild von Ihnen zu verändern.

Was Sie selbst brauchen, sind Ansprechpartner, die Ihnen zuhören und Sie bestätigen. Und die loyal genug sind, Ihnen gelegentlich auch Grenzen zu setzen, wenn Sie in Ihrer Wut und Verzweiflung übers Ziel hinausschießen. Das können Familienmitglieder oder Freunde sein, das können Experten aus der Erziehungsberatung, beim Jugendamt, in Selbsthilfegruppen oder aus dem therapeutischen Bereich sein. Gerade Therapie ist oft ein guter Weg, wird aber eigenartigerweise gerade von Männern meist gescheut wie das Weihwasser vom Teufel! Die Therapeuten aber müssen wirkliche Könner und Kenner sein, so jemanden zu finden kann eine Weile dauern. Also haben Sie Geduld, suchen Sie nach einem guten Therapeuten, der zu Ihnen passt!

Und so schwierig der Gedanke auch sein mag: Fragen Sie sich, was Sie tun können, um es auch der Mutter des Kindes leichter zu machen, um die Fronten aufzuweichen. Auch hier können Gespräche mit geschulten, professionellen Helfern nützen. Ist Ihre Frau beispielsweise religiös, ist der Weg zum Pfarrer durchaus der richtige – auch wenn Sie selbst anders denken. Aber es geht hier nicht ausschließlich um Sie – es geht hauptsächlich um das Wohl der Kinder. Dafür, so finde ich, sollte wirklich nichts unversucht bleiben.

Weitere Informationen über PAS

Wer sich ausführlicher über PAS informieren will: Unter dem folgenden Link finden Sie im Internet zahlreiche Beiträge zu diesem Phänomen. **http://www.vaeterfuerkinder.de/pasind.htm**

Die Thematik ist derart vielschichtig, im Umbruch begriffen und durchaus nicht unumstritten, dass ich in diesem Buch nur einen groben Einblick ohne Anspruch auf Vollständigkeit geben konnte. Noch einmal sei daran erinnert, dass es natürlich auch viele andere Ursachen für Umgangs- und Kontaktverweigerungen eines Kindes nach einer Trennung und Scheidung gibt. Ich habe dies zu Beginn des Kapitels darzustellen versucht. Diese müssen im Einzelnen sehr genau untersucht, identifiziert und behandelt werden. Hierbei spricht man dann nicht von PAS. Die Experten sind uneins darüber, wie viele Kontaktabbrüche und -konflikte überhaupt auf dieses Syndrom zurückzuführen sind. Grobe Schätzungen liegen, wie erwähnt, bei 20 Prozent.

2 | PRAKTISCHES

Vater werden ist nicht schwer, Vater sein dagegen sehr. So steht es schon in der Wilhelm-Busch-Geschichte vom ›Julchen‹. Ob der große Humorist dabei auch an den Wochenendvater gedacht hat? Ohne Zweifel, es gibt jetzt vieles zu bedenken, was Sie großenteils mit sich allein ausmachen müssen, wenn Sie das Nest der Familie verlassen haben. Das reicht von der Wohnungseinrichtung über die Nahrungs- und Gesundheitsversorgung bis hin zur alles entscheidenden Überlegung: Wie verbringen wir unsere gemeinsamen Stunden?

Doch ehe wir zu den handfesten Dingen kommen, müssen wir erst einmal ans Eingemachte gehen. Termine mit Anwalt und Behörden, Einkaufsodysseen in Bau-, Möbel- und Spielzeugmärkten und jede Menge Papierkram stehen jetzt an. Aber eines ist nun ebenfalls angesagt, vor allem an langen einsamen Abenden: eine ehrliche Auseinandersetzung mit der eigenen Situation.

Wer sind Sie? Was wollen Sie?

Wichtig ist, das eigene Selbstvertrauen wiederzufinden. Seine Lebensgewohnheiten umzustellen und der neuen Situation anzupassen, schließlich auch Visionen für eine eigene Perspektive zu finden. Wichtig ist, glaube ich, auch die Trennung zu verstehen oder zumindest

eine plausible Erklärung zu finden. Hier droht die Gefahr, dass man die Ex-Partnerin pauschal verurteilt. Besser ist es, auf die eigenen Anteile zu schauen, vielleicht auch nach dem zu suchen, was ich immer übersehen habe.
RUDOLF

Ihre Ex-Frau brüllt Sie am Telefon nur noch an oder legt einfach den Hörer auf, wenn Sie sich melden. Dem Kontakt mit den Kindern werden laufend neue Hürden in den Weg gestellt. Die Typen auf dem Jugendamt kümmern sich nicht. Ihr Anwalt will erst mal einen satten Vorschuss. Ihre eigenen Eltern schlagen sich auf die Seite der ›armen‹ Schwiegertochter, Sie hausen notdürftig in einem lächerlichen Appartement mit Möbeln vom Sperrmüll. Im Job murren die ersten Kollegen, weil Sie meist völlig unausgeschlafen sind und zunehmend Bockmist bauen. Die Essensvorräte zu Hause schrumpfen wie der Kontostand. Der Vorrat an leeren Weinflaschen hingegen wächst genauso wie der Berg an ungebügelter Wäsche. Das ist Trennungsalltag!

Sich nicht gehen zu lassen war und ist mein größtes Problem. Ein Teil des Antriebs, den die Familie mit sich bringt, fehlte mir zeitweise. Ich war lange Zeit arbeitslos. In dem einen Jahr, in dem ich nach der Trennung allein war, hat sich ein gewisser Teil Junggesellenverhalten eingestellt, das ich vielleicht vor 15 Jahren hatte.
CHRISTIAN

Die Legende vom starken Mann

Auch wenn Ihnen zum Heulen ist: Ein Indianer kennt keinen Schmerz. Das ziehen Sie durch. Wäre ja gelacht! Oder?

Stopp! Glauben Sie wirklich, Sie können das alles so wegstecken, die ganzen Verletzungen, diese Ignoranz, dieses Unverständnis? Und was bedeuten die leeren Bierflaschen auf dem Küchentisch, der steigende Zigarettenkonsum und das blödsinnige nächtliche Surfen auf Internet-Porno- und -Kontaktseiten?

Es gibt wohl keinen Vater, der in der Trennungssituation von der Mutter seiner Kinder nicht mehr oder weniger in einen emotionalen Ausnahmezustand gerät. Denn auch wenn jetzt scheinbar die große Freiheit lacht: Der Frust über die gescheiterte Beziehung, die Sehnsucht nach den Kindern, der Grabenkrieg mit der ›Ex‹ – er ist da. Da können Sie noch so sehr die große Verschleierungstaktik sich selbst und anderen gegenüber anwenden.

Auch wenn es ›Mann‹ schwerfällt, weil er es nicht gelernt hat: Sprechen Sie von Ihren Gefühlen, schimpfen Sie, kotzen Sie sich aus. Manchmal sind zwar Ihre Tapeten die einzigen Zuhörer, wenn Sie heulend vor der Glotze sitzen, weil ein sentimentaler Liebesfilm Sie an Ihre vertrackte Situation erinnert. Aber es gibt sicher auch gute Freunde, die ein offenes Ohr für Sie haben, selbst wenn Sie zum zehnten Mal den gleichen Sermon herunterbeten. In manchen Städten haben sich, meist in Form von Selbsthilfegruppen, Gruppen von Betroffenen zusammengetan. Bisweilen werden die Gruppen von Psychologen oder Pädagogen angeleitet, was durchaus von Vorteil sein kann. Hier werden auch Ihre Gefühle und Nöte zum Thema gemacht. Und Sie lernen neue Leute kennen, Leute, die wissen, wie Ihnen ums Herz ist. Leute, denen es ähnlich geht wie Ihnen.

Mein Rat: Früh schon Rat in einer Selbsthilfegruppe einholen, möglichst dort mitarbeiten, anderen helfen, weg von der eigenen Problematik. Unbedingt und so früh wie möglich die Beziehung zur Ex neutralisieren. Hass aufarbeiten, schnellstens, der kostet sehr viel Kraft, macht einen kaputt und ist ein sehr schlechter Ratgeber. Sich ganz bewusst etwas Gutes gönnen. Nicht zu früh neue Bindungen eingehen, obwohl es dem Ego schmeichelt. Ohne Konfliktaufarbeitung wird jede neue Beziehung nur belastet. Der Dauerschmerz um die verlorenen Kinder wird auch nicht durch Sex mit einer Schönheitskönigin gemildert! Sich hinsetzen und mutig und unerschrocken Inventur machen, sich vor sich selber zu eigenen Fehlern und Versagen bekennen. Die Masche, alle Schuld am Scheitern der Ehe auf die Frau zu schieben, ist zu einfach, funktioniert auch nicht! PETER

Sinnvoll wäre es jetzt womöglich auch, mal über eine Psychotherapie nachzudenken. Die wird meist ohne große Komplikation von den Krankenkassen bezahlt. Sprechen Sie Ihren Hausarzt darauf an. Wenn Sie jetzt die Nase rümpfen, kann ich Ihnen nur noch mal mitgeben, was alle Experten dieser Welt längst herausgefunden haben: Ihre Frustrationen und Verletzungen rächen sich irgendwann, wenn Sie Ihnen keinen Raum lassen, wenn Sie verdrängen, statt zu verarbeiten. Sie werden zunehmend verkrampft (und das nicht nur körperlich) und schrulliger, Sie mutieren zum komischen Kauz, meist ohne dies selber zu bemerken. Und sie werden immer einsamer. Wer in dieser Situation den starken Mann spielt, verspielt seine Gegenwart und seine

Zukunft. Und er spielt mit der Zukunft seiner Kinder. Oder, um es positiver zu formulieren: Kinder brauchen starke Eltern beziehungsweise Väter!

Aber bis alles einigermaßen läuft, vergeht viel Zeit. Und in der brauchen Sie Kraft. Auch wenn es banal klingt: Sie müssen mit Ihren Kräften haushalten. Entspannen Sie sich durch Sport und Hobbys. Essen Sie vernünftig. Das heißt auch: Trinken Sie nicht zu viel Alkohol!

Ziehen Sie Bilanz

Bilanz zu ziehen ist immer angesagt, wenn das Leben einen solch dramatischen Schnitt erfährt wie eine Trennung. Sich über den Ist-Zustand klar zu werden bedeutet natürlich längst noch nicht, dass sich schon etwas verändert. Doch einen klaren Kopf zu bekommen – so gut es in Ihrer derzeitigen Situation möglich ist – ist die Voraussetzung dafür, eigene Anteile an einer Entwicklung zu erkennen. Sie können nur dann ein guter Vater für Ihr Kind bleiben, wenn Sie es im Auge behalten, wenn Sie ein Gespür dafür bewahren, wie es Ihrem Kind geht. Doch wie kann jemand ein Gespür für andere besitzen, der sich selbst und seine Ziele nicht kennt?

Ich weiß nicht, in welcher persönlichen Situation Sie sich befinden; ich weiß nicht, ob Sie der Verlassene oder Verlassende sind, ob die Trennung Erstarrung oder Erleichterung für Sie darstellt. Nicht alle der folgenden Fragen müssen auf Ihre persönliche Situation zutreffen. Sicher werden Ihnen zum ein oder anderen Bereich auch noch Detailfragen einfallen, anderes wird auf Sie nicht zutreffen oder schnell abgehakt sein. Nehmen Sie daher die folgenden Fragen als Anregung und ergänzen Sie sie aufgrund Ihrer persönlichen Umstände.

> Ich habe versucht, es jedem nur recht zu machen, um Liebe zu bekommen. Heute stelle ich fest, dass ich mich aufgegeben habe, und glaube, dass ich mich erst mal selbst lieben lernen muss, und das kann ich noch lange nicht.
> KLAUS

Die Aufarbeitung eines kritischen Lebensabschnitts tut auch weh; Erinnerungen werden geweckt, schöne und schmerzliche, Emotionen kommen hoch, Fehler, Irrtümer, Versäumnisse werden erkannt. Das alles ist unvermeidlich. Doch wenn Sie sich klar darüber werden, wo Sie im Augenblick stehen, dann lässt sich von dieser Basis aus leichter eine Strategie entwickeln, wie es weitergehen soll – wie es gut weitergehen kann.

Auch wenn es platt klingt: Seien Sie gut zu sich! Der Prozess, sich selbst mit allen Fehlern und dunklen Seiten anzunehmen, ist oft langwierig. Aber ein dauernd mit sich hadernder Griesgram kann kein fröhlicher Vater sein, der seine Kinder gut im Auge hat (und auch das sonstige Leben nicht). Sie leben im Hier und Jetzt. Sie haben eine Zukunft.

Sie haben zwar auch eine Vergangenheit. Aber an der können Sie, anders als Gegenwart und Zukunft, nichts ändern. Vorbei ist vorbei. Ziehen Sie Ihre Lehren daraus und schauen Sie nach vorn. Trauern ist wichtig und erlaubt. Genauso wie der Versuch legitim ist, sich über gemachte Fehler in den Hintern beißen zu wollen. In diesem Versuch zu erstarren ist allerdings dumm. Es hindert am Weiterleben.

Fragen über Fragen

Die folgenden Fragen sollen Ihnen helfen, wieder zu sich zu kommen, sich selbst besser kennenzulernen oder wieder zu erkennen. Nehmen Sie sich Zeit für die Fragen. Sie müssen nicht alles in ein paar Stunden aufarbeiten. Die einen schreiben in ein altes Schulheft, andere nutzen den Computer, wieder andere sprechen auf ein Diktiergerät. Und manche bilanzieren im Kopf. Das Wie spielt also keine Rolle, das Wann auch nicht, sofern Sie Ihre persönliche Bilanz nicht auf den Sankt Nimmerleinstag verschieben. Gehen wir's also an.

Ich als Mann

Eine Zwischenbilanz in Bezug auf Ihre Person:

▶ Wer bin ich eigentlich?
▶ Woher komme ich (Elternhaus, Ausbildung, Beruf)?
▶ Wie hat mich das geprägt?
▶ Bin ich eher konservativ oder fortschrittlich eingestellt?
▶ Was sind meine Ziele, Träume, Einstellungen zum Leben usw.?
▶ Welche habe ich erreicht, welche aufgegeben, mit welchen bin ich gescheitert und welche neuen sind vorstellbar?
▶ Was mag ich, was verachte ich (Weltanschauungen, persönliche Vorlieben, Sexualität usw.)?
▶ Welche Ängste, Sorgen, Nöte habe ich – früher und heute?

Eine Zwischenbilanz in Bezug auf Ihre (gescheiterte) Beziehung:

▸ Wie ist meine Einstellung zu Frauen?

▸ Im Allgemeinen: Bin ich ein Macho? Ein Softi? Wie muss meine Traumfrau beschaffen sein, wie meine Anti-Frau? Was erwarte ich von einer Frau, mit der ich zusammenlebe?

▸ Im Bezug auf meine Ex-/Noch-Frau: Warum bin ich mit ihr eine Beziehung eingegangen? Was fand ich an ihr liebenswert? Was hatten wir für gemeinsame Ziele, Auffassungen usw.? Was ist gut gewesen, was schiefgelaufen? Was habe ich gut/schlecht gemacht in der Beziehung? Warum ist sie gescheitert?

▸ Durften Sie sich von Ihrer Frau trennen? Sollten Sie sich von ihr trennen? Mussten Sie sich trennen? Oder wollten Sie sich trennen?

▸ Was denn hier den Unterschied ausmacht, werden Sie fragen. Der Unterschied liegt in der inneren Haltung. Dürfen, sollen, müssen sind von außen bestimmt, nur ›wollen‹ ist selbst bestimmt. Das bedeutet: Bei einem wirklichen ›Wollen‹ werden Sie nicht vom Ex-Partner, von Verwandtschaft, Freunden oder Gesellschaft gezwungen, etwas gegen Ihren Willen zu tun. Sie handeln aus eigener innerer Überzeugung heraus. Das macht Sie innerlich freier und gibt Ihnen einen ganz anderen Handlungsspielraum, als wenn Sie immer wieder voller Wut und Aggression darauf blicken, was man Ihnen von außen angetan hat.

Nachdem Sie sich selber ›gecheckt‹ haben, ist es Zeit, sich über Ihr Verhältnis zu den Kindern klar zu werden.

Ich als Vater

Einleitend ein paar grundsätzliche Fragen, die Ihr Verhältnis zu Ihren Kindern klären helfen:

▶ Wie ist meine grundsätzliche Einstellung zu Kindern? Mag ich Kinder? Sind sie mir gleichgültig? Sind sie mir lästig?

▶ Wie stehe ich diesbezüglich zu meinen eigenen Kindern?

▶ Was aus meiner persönlichen Geschichte hat mich hier geprägt? (Wie war mein Verhältnis zum eigenen Elternhaus, insbesondere zum Vater? Welche Rolle spielten und spielen Familie, Schule und Ausbildung, Freunde und Bekannte, Krankheiten, Charakterzüge usw.?)

▶ Was erwarte ich von mir als Vater?

▶ Wie habe ich mein Vatersein bisher gelebt? War ich ein aktiver Vater, der seine Kinder intensiv begleitet hat? War ich ein Vater, der die Erziehung weitgehend der Mutter überlassen hat?

▶ Was weiß ich von meinen Kindern? Wie gut kenne ich sie? Was erwarte ich von ihnen?

▶ Welche Rolle soll die Vater-Kind-Beziehung in meinem künftigen Leben spielen?

Wozu das Ganze, werden Sie sich fragen. Nun, vielleicht geben Ihnen Ihre Antworten auf all diese Fragen ein wenig mehr Aufschluss über sich selbst, über das, was Sie bisher erreicht haben, was Ihnen gelang, woran Sie gescheitert sind, was Sie künftig wollen und ganz bestimmt nicht mehr wollen. Je klarer Sie bei sich selbst sind, je weniger Sie mit der Stange im Lebensnebel stochern, je mehr Sie sich Ihrer selbst bewusst sind, desto besser sind die Chancen, dass Sie ein aufmerksamer, ein treu sorgender, ein im wahrsten Sinn des Wortes selbstbewusster Vater bleiben oder werden können.

Wie nahe sind Sie Ihrem Kind?

Der folgende Fragebogen, entwickelt von der Diplom-Psychologin Ursula Kodjoe, gibt Ihnen Hinweise darauf, wie nahe Sie Ihrem Kind sind.

▸ Wann hat Ihr Kind angefangen zu laufen und zu sprechen?
▸ Welche Krankheiten hatte es, gegen welche wurde es geimpft?
▸ Wie heißen Kinderarzt, Hausarzt, HNO-Arzt, Augenarzt, Zahnarzt?
▸ Wen hätte Ihr Kind gern als Freund/ Freundin?
▸ Auf welche Leistung ist es besonders stolz? Wie würdigen Sie diese Leistungen?
▸ Wann ist Ihr Kind mutlos und verzagt und braucht Trost?
▸ Was für geliebte/gefürchtete Personen sind in Kindergarten/Schule/Uni/Lehrstelle? (Warum liebt/fürchtet Ihr Kind diese Person? Ob es sich wünscht, dass Sie eingreifen?)
▸ Was ist sein sehnlichster Wunsch?
▸ Welches ist derzeit seine Lieblingsgeschichte (-kassette, -film,

-sänger, -schauspieler, -fußballverein, -fernsehsendung, -zeitschrift, -lehrer etc.) und warum?

▸ Was täte es gerne, traut es sich aber nicht zu? (Hecht vom Sprungbrett im Schwimmbad, Ballettunterricht etc.)

▸ Wovor hat es am meisten Angst? (Wie können Sie mit ihm auf diese Angst zugehen und ihm geduldig zeigen: Du kannst deine Angst selbst bewältigen?)

▸ Was ist sein Lieblingsessen, und wie wird es zubereitet?

▸ Wie sehr braucht es Sie, Ihre Nähe, Aufmerksamkeit und Zeit?

Entweder Sie klopfen sich jetzt stolz auf die Brust und sagen: Weiß ich alles! Oder Sie stellen fest, dass es da doch ganz bedenkliche Defizite gibt. Bei den meisten Lesern, denke ich, wird die Wahrheit irgendwo in der Mitte liegen. Je weniger dieser Fragen Sie spontan beantworten können, desto wichtiger sind die nachfolgenden Überlegungen als Schlüssel zur Verbesserung Ihrer Beziehung:

▸ Wie viel Zeit verbringen Sie aktiv mit Ihrem Kind? Was tun Sie wirklich zusammen?

▸ Hören Sie Ihrem Kind aufmerksam zu, sehen Sie es, nehmen Sie es wahr?

▸ Nehmen Sie seine Gefühle und seine Äußerungen ernst, oder gehen Sie darüber hinweg?

▸ Haben Ihr Kind und Sie Spaß beim gemeinsamen Spielen, Lernen und Arbeiten?

▸ Können Sie durch Ihr Kind die Welt auch mit anderen (seinen) Augen sehen?

▸ Haben Sie Vertrauen, dass Ihr Kind seinen eigenen Weg finden und gehen wird?

Nun, Versäumnisse der Vergangenheit im Eilzugtempo aufzu-holen, können Sie vergessen, noch dazu in der jetzigen Situation. Also gilt es, das Beste aus der Gegenwart zu machen.

Ein paar Gedanken zum Thema Erziehung

Kinder brauchen Grenzen – und Vorbilder!

Als Wochenendvater können und sollten (!) Sie im Prinzip wenig an der Erziehung Ihrer Kinder ändern. Es wäre meines Erach-tens grundverkehrt, wenn Sie versuchen würden, aus welchen Gründen auch immer, genau das Gegenteil von dem zu praktizie-ren, was die Mutter der Kinder erzieherisch unternimmt. Auch wenn Sie anderer Meinung sind: Hier haben Sie im Zweifel zum Wohl der Kinder eher die Linie der Mutter einzuhalten. Denn ein andauerndes ›Hüh und Hott‹, ein ›Rein in die Kartoffeln, raus aus den Kartoffeln‹ kann Ihre Kinder ziemlich verwirren. Kinder können freilich mit verschiedenen Erziehungsstilen ganz gut um-gehen. Doch wenn einer sehr enge Grenzen setzt und der andere überhaupt keine, wird's problematisch. Versuchen Sie lieber, wenn es irgendwie geht, im Dialog mit Ihrer Ex-Frau zu bleiben und eine einigermaßen gemeinsame Erziehungslinie und Aufga-benverteilung zu verwirklichen. Wie das in der Praxis aussehen kann, schildere ich etwas später.

In den wenigen Stunden, in denen Sie jetzt aktiver Vater sind, geht es nicht darum, zu korrigieren, was Ihre Ex-Frau Ihrer Meinung nach falsch gemacht hat. Es geht darum, im seelischen Kontakt zu den Kindern zu bleiben, sich das Gefühl und Gespür für sie zu bewahren. Es geht auch darum, die Kinder ›sein zu lassen‹ – sie also nicht mit ›Action‹ zu überfordern, sondern ihnen Freiraum zu gewähren. Freiraum bedeutet jedoch nicht, dass Ihre Kinder sich bei Ihnen in einer Art ›verbotsfreier Zone‹ befinden sollten.

Kinder brauchen Grenzen. Das ist eine psychologisch unumstrittene Tatsache. Auch ein Wochenendvater tut gut daran, Grenzen zu setzen. Das ist er seinen Kindern schuldig. Nicht nur für Eltern ist Erziehung eine verantwortungsvolle und anstrengende Aufgabe, sondern die Zeit, in der sie erzogen werden, ist auch für Kinder sehr stressig. Natürlich geht diese Zeit niemals spur- und problemlos über die Bühne, sie ist mit Spannungen und Konflikten belastet, erst recht, wenn Vater und Mutter nicht in einem Haushalt leben, und noch viel mehr, wenn sie nicht an einem Strang ziehen. Jeder Mensch, jedes Kind ist verschieden, ist ein Individuum mit seinen ganz persönlichen Eigenheiten. Manche Kinder arbeiten intensiv an der Erziehung mit, sind gut zu führen und gehen leicht auf die Angebote der Eltern ein. Glück gehabt!

Es gibt aber eben auch die anderen, die sich viel schwerer damit tun, Hilfe anzunehmen und auf Kompromisse einzugehen, die eigenwillig und stur sind und fast immer zuerst mit dem Kopf durch die Wand gehen wollen, ehe sie begreifen, dass es auch leichtere Wege gibt. Selbstverständlich ist Erziehung unverzichtbar, doch nicht in dem Sinn, dass die Kinder in Richtung der Erwachsenenwelt gezogen werden müssen, sondern dass wir Erwachsenen unsere Kinder als Vorbilder begleiten, führen und anleiten. Erziehung bedeutet, einem Kind zu vermitteln, Grundbedürfnisse anderer Menschen zu respektieren. Da Lernen hauptsächlich durch Nachahmung geschieht, drücken Kinder vor allem das in ihrem eigenen Verhalten aus, was sie in der Welt um sich herum erleben. Somit sind sie auch Spiegelbild unseres eigenen (oftmals unbewussten) Verhaltens. Und das ist gerade im Trennungsprozess oft alles andere als vorbildlich.

So kommt es für ein Kind oft zu einem schier unüberwindbarer Widerspruch:

> ▶ Einerseits wollen Eltern und Erzieher ihm durch Erklärungen, Ermahnungen, Hinweise und unterschiedlichste Erziehungsmaßnahmen beibringen, dass nicht nur sein eigener Wille, seine eigenen Bedürfnisse, seine eigene Wahrnehmung, sein eigener Zugang zum Leben der Nabel der Welt ist.

> ▶ Andererseits wird ihm durch das Verhalten Erwachsener nur allzu oft vermittelt, dass deren Wille, Bedürfnisse, Wahrnehmung und Zugang zum Leben der Nabel der Welt zu sein scheinen.

Kinder halten uns den Spiegel vor

Kinder sind so feinfühlig, dass sie Widersprüche und Doppelbotschaften, die wir aussenden, aber die uns selbst nicht immer klar sind, häufig erspüren. Doch mit etwas Aufmerksamkeit können wir am Verhalten unserer Kinder zum Teil unsere eigene Zwiespältigkeit entdecken. Leben Sie Ihrem Kind auch in einer getrennt lebenden Familie Werte wie Achtung und Toleranz vor, dann machen Sie es ihm auch leichter, mit den bestehenden Konflikten umzugehen.

Beziehungen zwischen Menschen sind oft gestört, aber die Gründe für Störungen werden manchmal überhaupt nicht erkannt, und wenn, werden sie nur allzu gern verdrängt oder verleugnet. Statt nach Ursachen zu forschen und sich mit ihnen auseinanderzusetzen, suchen viele Menschen Rezepte, andere – also auch ihre Kinder – so zu ändern, dass es ihnen selbst wieder gut geht. Diese Denkweise kann nicht funktionieren.

> Wer glaubt, es würde ihm besser gehen, wenn er
> nur sein Kind ändert, liegt völlig falsch.
> PIT

Was Sie für sich selbst tun können

Nur wer auch etwas für sich selbst tut, kann etwas für andere tun. Nur wer auch an sich selbst gut denken kann, kann gut an andere denken. Nur wer sich auch um sich selbst kümmern kann, kann sich um andere kümmern. Das hat nichts mit Egoismus zu tun! Wer dies begreift und lernt, ausgetretene Wege zu verlassen, wer bereit ist, das Leben aus einem neuen Blickwinkel zu betrachten und daraus seine Schlüsse zu ziehen, der kann Abschied nehmen von dem nur scheinbar entlastenden, in Wirklichkeit aber in die Irre führenden Gedanken: »Andere sollen sich ändern, dann geht es mir besser.« Die Erkenntnis, dass dieser Weg nicht funktioniert, ist Ihre Chance, sich in Ihrer jetzigen Situation nicht vollends aufzureiben, sondern sie als Ausgangsposition für einen guten Neuanfang zu sehen.

Kinder sind keine Dinge, die wir manipulieren und nach unseren Vorstellungen zurechtbiegen können. Sie sind weder kleine Erwachsene noch Prinzen und Prinzessinnen, sondern ganz normale Menschen. Wer seine Kinder verstehen lernt, hat große Chancen, sein eigenes Verhalten so zu verändern, dass es ihm und auch den Kindern besser geht als vorher. Doch dazu ist es nötig, zu der Einstellung zu gelangen: »Was kann ich *für mich* tun, um mit meinem Kind besser umzugehen?« Erst wenn dies gelingt, folgt die Frage: »Was kann ich für mein Kind tun?«

Es geht Ihnen besser, wenn Sie begreifen,

▶ warum Sie immer wieder nach dem gleichen Schema wütend, enttäuscht, deprimiert reagieren, wenn dies oder jenes passiert,

▶ welche festgefahrenen Vorstellungen Ihnen das Leben schwer machen,

▶ welche Schranken Ihnen den Zugang zu sich selbst und zu Ihrem Kind versperren.

In vielen anderen Kulturen, vor allem in sogenannten primitiven, läuft Erziehung viel natürlicher und daher weit weniger problematisch ab als in unserer angeblich so hochkultivierten Gesellschaft. In unseren Breiten hat man oft den Eindruck, dass Kinder zwar einerseits gewollt sind, dass sie sich jedoch so schnell wie möglich zu kleinen Erwachsenen entwickeln sollen – angepasst, leise, problemlos. Das eigentliche Kindsein bleibt in unserer modernen Gesellschaft nur allzu oft auf der Strecke.

Gerade alleinerziehende Eltern versuchen oft, sich selbst, den Verwandten und Nachbarn und nicht zuletzt dem Ex-Partner zu beweisen, was für tolle Erzieher sie sind und dass sie wunderbar alles allein schaffen. Sie gehen nach dem verhängnisvollen Erziehungsmotto vor: »Keiner soll sagen, ich habe etwas nicht bedacht, und alle sollen sehen, dass ich es besser mache«. Kinder spüren diese Erwartungshaltung und versuchen, ihr nachzukommen – oft bleiben ihre eigenen Bedürfnisse dabei aber auf der Strecke.

Erziehung findet im Hier und Jetzt statt

Es geht in der Erziehung nicht nur darum, die Seele der Kinder, sondern auch sich selbst zu verstehen. Erziehung findet im Hier und Jetzt statt, in Lebendigkeit und Zugewandtheit, in Liebe und Lust, in Freude und Schmerz. Pädagogisch festgefahrene Eltern, die Angst davor haben, Fehler zu machen, wollen jedes Problem unter Kontrolle bekommen und für alles eine Lösung parat haben – bis hin zu der Vorstellung, es müsse doch einen Weg geben, konfliktfrei zu erziehen –, und das in einem Leben, das voll von Konflikten ist! Wird unter solchen Kraftanstrengungen erzogen, bleiben Zeit und Gelassenheit, Humor und Natürlichkeit, Spontaneität und Freiräume nur allzu oft auf der Strecke.

Formulierungen wie: »Ich müsste ...« oder »Ich sollte ...« werden zur quälenden Vorstellung. Sie lenken die gesamte Energie auf das Vermeiden von Fehlern und nicht auf die lebendige Begegnung mit dem Kind. Kindererziehung, die nach einem festgelegten Plan verlaufen soll, endet nicht selten in Machtkämpfen, Chaos, Ohnmachtsgefühlen und Resignation. Häufig löst sie genau das aus, was Eltern durch diese scheinbar gescheite Erziehung vermeiden wollen: Konflikte, Auffälligkeiten, Schwierigkeiten und Aggressionen.

Wer bestrebt ist, mit dem Kopf zu erziehen statt mit dem Herzen, erntet, wovor er sich am meisten fürchtet: herzlose Kinder.

Herausführen, herausheben, erziehen

Die meisten Eltern wollen ihre Kinder wirklich gut erziehen, auch oder gerade in der schwierigen Phase des Trennungskonfliktes.

Doch in diesem Bemühen steckt, wie das Wort ›Erziehung‹ schon sagt, viel Mühe und großer Ernst. In ihm erweist sich eher die Anstrengung des Verstandes, weniger die Leichtigkeit des Herzens. Vielleicht ist dies auch nur ein typisch deutsches Problem? Zumindest drückt es sich bereits in der Sprache aus: In England und Spanien etwa heißt Erziehung *education* beziehungsweise *educatión* (wörtlich: Herausführung); die französische Übersetzung von erziehen lautet gar *élever* (wörtlich: herausheben). Ein Kind zu führen oder gar zu heben zeugt von einer ganz anderen Haltung als es zu er-ziehen.

Der konkrete Umgang

> Das Zuwenden zum Kind duldet keinen Aufschub,
> auch wenn viele Dinge nebenbei zu regeln sind.
> GERD

Der Prozess der Erziehung endet auch in der Zeit von Trennung und Scheidung nicht. Doch es kann gut sein, dass Sie jetzt derart viel mit sich selbst zu tun haben, dass Sie Ihr eigenes, besonders aber das Wohl Ihres Kindes für einige Zeit aus den Augen verlieren. Jetzt richtet sich Ihr Augenmerk zunächst einmal darauf, ein völlig umgekrempeltes Leben wieder einigermaßen auf die Reihe zu bekommen. Im Hinblick auf Ihre Kinder bedeutet das: Versuchen Sie nicht, alles auf einmal zu lösen, sondern gehen Sie nach Dringlichkeit vor. Auch hierzu ein paar Fragen, über die Sie sich klar werden sollten:

▸ Wie ist das, wenn Sie Ihre Kinder jetzt sehen? Haben Sie Angst, in der Zeit mit Ihnen schwerwiegende Fehler zu machen und alles zu verpatzen? Etwa sie durch falsche Worte zu verschrecken, ihnen zu wenig zu bieten, sich vor ihnen ins falsche Licht zu rücken? Fallen Ihnen hierzu Situationen ein, die diese Angst bestärken?

▸ Haben Sie grundsätzliche Angst, Ihre Kinder zu verlieren, wenn Sie sie nur noch gelegentlich sehen? Wenn ja, warum?

▸ Kommen Ihnen Gedanken, wie das wohl künftig mit der Erziehung der Kinder läuft, wenn Sie hier nicht mehr oder nicht mehr so intensiv mitreden können? Wie sehr oder wie wenig trauen Sie der Mutter der Kinder zu, die Erziehung ohne Sie gut zu bewältigen?

▸ Sperren Sie sich gegen bestimmte Vorgehensweisen der Ex-Partnerin aus Prinzip, aus Rache, aus Wut, aus Trotz, aus (unbewusster) Angst? Könnten Sie sich bei näherem Hinsehen und einer gewissen Objektivität vielleicht doch mit deren Prinzipien oder wenigstens einigen davon anfreunden?

▸ Wie sicher sind Sie im Hinblick auf die Versorgung Ihrer Kinder, wenn sie bei Ihnen sind? Wie steht es zum Beispiel mit Kochen, Wäschewaschen, Aufräumen und Bügeln? Wie sieht die Grundausstattung Ihres Haushalts aus? Ist sie kindgerecht?

▸ Wie steht es um das Erste-Hilfe-Kontingent in Ihrem Haushalt für den Fall, dass die Kinder mal krank werden?

▸ Ist Ihre Wohnung kindgerecht eingerichtet? Ist die Sicherheit der Kinder gewährleistet? Haben die Kinder eigene Betten, Anziehsachen, Spielzeug, Ersatzwäsche? Haben sie ein eigenes Zimmer?

- Haben die Kinder in Ihrer Wohnung genügend Freiraum? Kann jeder sich zurückziehen, wenn er das Bedürfnis dazu hat?

- Wie gehen Sie damit um, wenn Sie feststellen müssen, dass sich die Wünsche Ihrer Kinder in den Stunden des Zusammenseins nicht mit Ihren eigenen decken? Anders herum gefragt: Welche Erwartungshaltung haben Sie an Ihre Kinder, wenn sie bei Ihnen sind?

- Wie groß ist die Palette der Angebote, die Sie Ihren Kindern machen können? Reicht diese Palette über Tierpark, McDonald's, Schwimmbad, Kinderspielplatz und Fernsehen hinaus? Wenn ja, wie?

Grundsätzliche Abmachungen

Fangen wir mit dem wichtigsten und oft schwierigsten Thema an: der Regelung des regelmäßigen Umgangs. Versuchen Sie gerade am Anfang, kurzfristige Übergangsregelungen zu vereinbaren. Das gibt Ihnen Luft, um über bessere und längerfristige Lösungen nachzudenken.

> Niemals die Kinder als Boten benutzen, nie sagen,
> sie sollen der Mutter dies oder jenes ausrichten.
> Man kann nie wissen, wie das rüberkommt!
> PETER

Je klarer die Absprachen zwischen Ihnen und Ihrer Ex-Frau im Hinblick auf die Besuchstermine sind, desto stressfreier funktioniert die Regelung für alle Seiten. Es klingt einfacher, als es ist, aber weder Eltern noch Kindern ist geholfen, wenn Letztere aufgrund verletzter Gefühle zwischen Vater und Mutter hin und her gerissen werden.

Sich nicht mit dem Ex-Partner auszutauschen, halte ich für grundsätzlich falsch. Erziehung kann und darf nicht nur von einem Elternteil ausgehen, womöglich noch gegen den anderen. Wenn dies der eine Ex-Partner so hält, muss der andere es nicht nachmachen. Über alle Erziehungsfragen muss ich mich mit meiner Ex austauschen können. Sie lebt nun mal den Alltag mit meiner Tochter und wird durch Fragen von mir auch wohl sensibilisiert für neue Entwicklungen (oder blockt sie schon aus Prinzip ab). Ich lehne es aber ab, irgendwelche Entscheidungen an meiner Ex vorbei zu lancieren. Das weiß sie, das weiß meine Tochter, und nur so können wir vermeiden, dass irgendjemand auf den Gedanken kommt, den jeweils anderen auszutricksen. (Das soll auch schon mal bei Kindern vorgekommen sein.) Die moralische Verantwortung für ein Kind ist unteilbar, Sorgerecht hin, Umgangsrecht her.
KLAUS

Deshalb sollten Sie versuchen, möglichst klare Absprachen zu treffen. Dazu gehören:

▶ Machen Sie (gerade zu Beginn der Trennung) feste Termine inklusive klarer Uhrzeiten aus, an denen die Kinder Sie besuchen dürfen. Das ist besonders wichtig in der stressreichen Zeit der Trennung. Klare Vereinbarungen helfen Kindern, ein Stückchen neue Realität zu gewinnen.

Sie bekommen die Sicherheit, zu beiden Elternteilen Kontakt haben zu dürfen. Sporadische, spontane und unregelmäßige Vaterkontakte verunsichern die Kinder in dieser Phase sehr. Eine nicht ganz klar abgesteckte Besuchsregelung kann vor allem jene Eltern überfordern, die mitten im ›Rosenkrieg‹ stecken. Andererseits sind häufige Kontakte gerade in der ersten Trennungsphase sehr wichtig, um den meist bestehenden Verlustängsten der Kinder entgegenzuwirken. Hat sich die Trennungssituation einigermaßen beruhigt und Vater und Mutter können wieder vernünftig miteinander reden, kann auch über Lösungen nachgedacht werden, wie der Umgang zu den Kindern lockerer zu handhaben ist. Lockerer heißt aber nicht unzuverlässiger!

▸ Vereinbaren Sie am besten ausdrücklich, dass keine Seite vor den Kindern abfällig oder in irgendeiner Weise negativ über den abwesenden Elternteil spricht. Welche Folgen das Waschen schmutziger Wäsche vor den Kindern haben kann, darüber informiere ich Sie im psychologischen Teil des Buches ausführlicher.

▸ Klären Sie grundsätzliche Erziehungsfragen: Dürfen die Kinder an den Besuchswochenenden Dinge, die von der Mutter nicht erlaubt werden? Wenn ja, welche? Es ist jedoch albern, Kindern Dinge zu erlauben oder zu verbieten, um dem anderen Partner eins auswischen zu wollen. Es ist hingegen legitim und normal, wenn Eltern aufgrund ihres unterschiedlichen Geschlechts, Temperaments und Charakters mit ihren Kindern verschieden umgehen. Ein gewisser Grundkonsens sollte jedoch trotzdem vorhanden sein. Wenn Ihre Ex-Frau mit bestimmten Dingen nicht einverstanden ist und aufgrund des alleinigen Sorgerechts

Macht ausübt, werden Sie meist schlechte Karten haben. Versuchen Sie trotzdem, Alternativen auszuhandeln. Verweisen Sie darauf, dass es um das Wohl der Kinder geht, nicht um das Wohl der Eltern!

Wenn Sie mit Ihrer Ex-Frau nicht reden können

Sind die Fronten so verhärtet, dass kein sachliches Gespräch zwischen Ihnen und Ihrer Ex-Frau mehr möglich ist, sollten Sie im Interesse der Kinder einen ›Schiedsrichter‹ suchen, der schlichtend in Konflikte eingreift, jemanden, dem beide vertrauen (falls es so jemanden in Ihrem Umfeld noch gibt). Eine Alternative wären Paargespräche bei einem Therapeuten. Machen Sie Ihrer Ex-Partnerin (aber auch dem ›Schiedsrichter‹) klar, dass es nicht darum geht, Ihre Beziehung zu retten, sondern einen gemeinsamen Nenner im Hinblick auf den Umgang mit Ihren Kindern zu finden. Hier können Sie vielleicht mit professioneller Hilfe lernen, ohne Aggressionen miteinander zu reden und zu einer Kompromisslösung zu kommen.

Seien Sie zuverlässig!

Ihre Kinder im Blick zu behalten erfordert vor allem Zuverlässigkeit! Wenn Sie etwas ausmachen, halten Sie es in jedem Fall ein.

Feste Abholzeiten geben Ihrem Kind Sicherheit. Einen Rhythmus zu erkennen und sich dementsprechend darauf einstellen zu können ist für ein Kind etwas sehr Beruhigendes. Es gibt nichts Schlimmeres, als Kinder sitzen zu lassen. Und wenn doch mal der

Job oder sonst etwas dazwischenkommt: Rufen Sie sofort an. Erklären Sie die Verspätung. Kinder sind absolut ichbezogene Wesen. Wenn sie keine Erklärung dafür bekommen, dass sie verspätet oder sogar überhaupt nicht abgeholt werden, werden sie glauben, es liege an ihnen. Ihre Kinder werden annehmen, dass Sie sie nicht mehr lieb haben, dass sie nicht mehr wert sind, von Ihnen geliebt zu werden. Wenn Sie an dieser Stelle gleichgültig sind, machen Sie etwas kaputt, das sich nur sehr schwer wieder reparieren lässt. Gleichgültige Eltern sind grausame Eltern!

Seien Sie ehrlich!

Selbstverständlich wünschen sich Kinder eine heile Familie. Und dieser Wunsch wird, ausgesprochen oder nicht, immer und immer wieder im Raum schweben, wenn Sie mit ihnen zusammen sind. Für Kinder bedeutet Familie Sicherheit und Geborgenheit, in erster Linie die Anwesenheit von leiblicher Mutter und leiblichem Vater unter einem Dach. Diese Situation haben Ihre Kinder (vermutlich) kennengelernt, als sie auf die Welt kamen, und es ist (in der Regel) die häufigste, die sie bei ihren Freunden antreffen.

Oft haben Ihre Kinder kaum oder gar nicht mitbekommen, wann und warum die Eltern sich getrennt haben – was auch davon abhängt, wie alt sie zum Zeitpunkt der Trennung waren und wie stark Sie Ihre Konflikte von ihnen ferngehalten haben. Deshalb ist die gemeinsame Zeit mit Mutter und Vater in scheinbar bester Erinnerung, und so etwas will man natürlich wiederhaben.

Der wichtigste Aspekt ist jedoch, dass Ihre Kinder sowohl Vater als auch Mutter lieben. Und diese Liebe würden sie gern vereinen.

Wie ich meinen Kindern erkläre, warum wir keine Familie mehr sind? Nun, das sollte man seinen Kindern nie so sagen. Familie ist doch nicht gleichzusetzen damit, dass ein paar Menschen tagtäglich ihre Zeit miteinander verbringen. Zur Familie gehören doch auch die emotionalen Bindungen, die man aufbaut. Die werden doch bei einer Trennung nicht zerstört, es sei denn, einer der Partner zerstört diese Bindungen, indem er das Kind zwingt, sich auf seine Seite zu schlagen, und sonst mit Liebesentzug droht.

RALF

Die Auffassung dieses Vaters habe ich oft bei meinen Recherchen zu hören bekommen. Dabei darf jedoch nicht übersehen werden, dass Kinder Erklärungen brauchen, sonst machen sie sich selber welche – und das sind dann meist schlechte, destabilisierende, angsteinflößende, belastende! Finden Sie kindgerechte, nicht erfundene Begründungen für die Trennung. Erläutern Sie, dass Mama und Papa auseinandergehen, weil sie nicht weiter streiten wollen, dass sie unterschiedliche Wünsche haben oder Ähnliches. Machen Sie Ihren Kindern nichts vor! Wecken Sie keine Hoffnungen, dass Sie und der andere Elternteil eventuell wieder vereint werden könnten. Wenn Sie glauben, auf diese Weise Ihre Kinder trösten zu können, irren Sie sich gewaltig. Kinder sind ausgesprochen sensibel. Sie hören unausgesprochenen Botschaften oft besser als wir Erwachsenen, die dies im Lauf unseres Lebens oft genug verlernt haben.

Das gilt natürlich nur dann, wenn ein oder beide Elternteile tatsächlich die Partnerschaft mit nachvollziehbaren Gründen auf Dauer für beendet erklärt haben. Wenn nämlich doch noch Hoffnung besteht, wäre es unverantwortlich, den Kindern zu sagen, dies sei nicht der Fall. Da heißt es, mit sehr viel Fingerspitzengefühl und hohem Verantwortungsbewusstsein zu handeln.

Lügen haben kurze Beine, besonders gegenüber Kindern. Wahrheit schafft Vertrauen, da das Kind merkt, dass das, was Sie sagen, mit dem übereinstimmt, was es selber fühlt. Deshalb ist es wichtig, dass Sie mit ihm auch altersgemäß offen und ehrlich umgehen. Gerade dann, wenn Sie und Ihre Ex-Partnerin in bestimmten Punkten uneins sind, sollten Sie mit Ihren Kindern über das reden, was Sie alle verwirrt und verunsichert, ohne Schuld zuzuweisen.

Erklären Sie, ohne zu überfordern

Nun würde es Ihre Kinder jedoch möglicherweise überfordern und zu sehr belasten, wenn Sie versuchten, ihnen die Gründe Ihrer Trennung ausführlich und in allen Details zu erklären. Sie könnten Gefahr laufen, sie als Partnerersatz zu missbrauchen. Die Konflikte Ihrer Partnerbeziehung gehen nur Sie und Ihre Ex-Partnerin etwas an. Da Kinder hier überfragt sind und Ihre Probleme auch keinesfalls objektiv beurteilen können, sollten Sie sie niemals zu Schiedsrichtern berufen. Das heißt nicht, ihnen zu verschweigen, was los ist, sondern vielmehr in Kenntnis der Psyche und geistigen Reife Ihres Kindes die richtigen Worte (und Gesten) zu finden. Wichtig ist in jedem Fall, Kinder vor der Annahme zu schützen, sie seien schuld an der Trennung ihrer Eltern.

Sie können zum Beispiel erklären, dass es passieren kann, dass zwei erwachsene Menschen sich nicht mehr lieben. Vergleichen

Sie dies mit einem Kindergarten- oder Schulfreund, der auch einmal ganz wichtig war und heute keine Rolle im Leben Ihres Kindes mehr spielt.

Dabei müssen Sie jedoch klarmachen, dass so etwas zwischen Eltern und Kindern niemals passieren kann! Viele Verlustängste von Kindern nach einer Trennung rühren daher, dass sie fürchten, als Nächstes dran zu sein, also die Liebe eines Elternteils zu verlieren. Erläutern Sie den Kindern, Sie und die Mutter könnten nicht zusammenleben, ein weiteres Zusammenleben hätte auf Dauer alle unglücklich gemacht, Sie und die Mutter hätten zwar alles versucht, die Beziehung zu retten, aber dies sei eben nicht möglich gewesen. Aber selbstverständlich werden Sie beide als Eltern ihre Kinder nach wie vor lieben.

Machen Sie Ihre Liebe für Ihr Kind erfahrbar! Jeder Mensch zeigt seine Zuneigung auf eine andere Weise. Zärtliche Worte, Körperkontakt, Kuscheln – das brauchen Kinder auch vom Vater. Ein kurzer Streichen übers Haar, eine Umarmung, eine lobende Anerkennung – mit derart einfachen Mitteln können Sie Ihrem Kind zeigen, dass Sie es lieben. Natürlich sollten Sie es ihm ganz einfach auch einmal *sagen*. Das ist mehr wert als große Geschenke und aufwändige Unternehmungen. Lieben – das bedeutet auch ernst nehmen. Wenn Ihnen Ihr Kind aus der Schule oder von seinen Freunden erzählt, sollten Sie sich Zeit nehmen. Hören Sie zu, fragen Sie nach, kommentieren Sie, loben Sie, machen Sie Mut. Versetzen Sie sich in die Rolle des Kindes. Auch Ihnen war – und ist vermutlich auch heute noch – das Gefühl wichtig, Achtung zu erfahren und anerkannt zu werden.

Betonen Sie, dass dieses Verhältnis zwischen Ihnen und Ihrem Kind sich nie ändern wird. Aber seien Sie auch klar und ehrlich, wenn es um das Ende Ihrer Paarbeziehung geht. Bedenken Sie

bei einem Gespräch mit Ihren Kindern vor allem die folgenden
Punkte:

▸ Die Paarbeziehung zu Mama ist und bleibt beendet. Das
ist unabhängig davon, ob einer von Ihnen beiden wieder
einen neuen Partner hat. Auch wenn es keinen neuen Partner gibt, werden Sie kein Liebespaar mehr sein. Selbst
wenn Ihre Ex-Partnerin den Kindern gegenüber eine andere Haltung vertritt, sollten Sie konsequent bleiben. Je
klarer Ihre Position, desto eher werden sich die Wogen
glätten. Schließlich wird auch Ihre Ex-Frau mit der Zeit
einen Schlussstrich ziehen. Spätestens dann werden sich
auch die Kinder leichter mit der Situation abfinden können. Freilich kann so etwas Jahre dauern.

▸ Umgekehrt gilt: Wenn Sie an der Beziehung festhalten wollen und Ihre Ex-Frau längst einen anderen Hafen angelau-
fen hat, sollten Sie aufhören, Ihren Kindern vorzuheulen,
wie schön doch alles einmal war und dass es bestimmt wieder so werden wird, wenn Mama zur Besinnung kommt.
Die Chance liegt in den meisten Fällen so hoch wie eine
deutsche Fußballmeisterschaft der Spielvereinigung Unter-
haching. Wenn Sie schon nicht aufhören können, in Ihren
Wunden zu bohren, verschonen Sie Ihre Kinder mit Ihrem
Selbstmitleid.

▸ Die Tatsache der Trennung ist für beide Eltern schmerz-
haft, wenn auch der Schmerz verschieden stark ausfällt.
Zumindest ein Elternteil leidet sehr unter der Trennung.
Dem anderen bleibt nur, sich fair zu verhalten und diesen Schmerz nicht noch durch Unbedachtheit oder Rache
zusätzlich zu vertiefen.

▶ Erklären Sie, dass jeder Mensch glücklich leben möchte – und dass Ihre Kinder für Sie in jedem Fall zu diesem Glück dazugehören, auch wenn sie jetzt nicht mehr bei Ihnen wohnen.

▶ Falls Sie eine neue Partnerin haben, sagen Sie Ihren Kindern, dass diese den anderen leiblichen Elternteil als solchen respektiert und nicht die Rolle der Ersatzmutter einnimmt. Selbstverständlich ist es für einen neuen Partner verletzend, wenn der jeweilige Ex-Partner schlecht über ihn spricht und die Kinder diese Meinung übernehmen.

▶ Die Mutter der Kinder sieht manches anders als Sie – und das ist erst einmal ganz normal und in Ordnung. Sprechen Sie mit Ihren Kindern darüber, in welchen Bereichen Sie strenger oder lockerer sind und warum. Fragen Sie Ihre Kinder, wie sie selbst das sehen. Kinder haben hier manchmal einen anderen Blickwinkel als Erwachsene, werden aber gegebenenfalls auch die Chance ergreifen, etwas für sich herauszuholen. Das ist ebenfalls völlig normal. Wenn Sie dies bemerken, sprechen Sie es sachlich, vielleicht auch humorvoll, an. Erklären Sie auch, warum Sie und Ihre Ex-Frau sich in manchen Punkten nicht einigen können. Aber beharren Sie auf Ihrem Standpunkt. Sagen Sie den Kindern, dass Sie erwarten, dass diese sich bei Ihnen so verhalten, wie dies bei Ihnen seit jeher üblich war.

▶ Erklären Sie Ihren Kindern, dass sie bei Ihnen eventuell Sachen dürfen, die zu Hause nicht erlaubt sind, weil Besuchswochenenden bei Ihnen eben nicht Alltag sind. Als Vater können Sie sich eben nicht so sehr um die Erziehung kümmern und deshalb manches aus einer anderen Sicht sehen. Geben Sie das ruhig zu und räumen Sie ein, dass die

Situation anders wäre, wenn Ihre Kinder ständig bei Ihnen leben würden. Machen Sie Ihren Kindern diesen Unterschied ruhig klar! Sie erleichtern ihnen (und sich selbst) den Alltag, wenn Sie ihnen die Illusion rauben, das Schlaraffenland wäre sozusagen auch der Ort eines ständigen Zusammenlebens.

Sehen Sie Unterschiede als Chance

Manchmal heißt es im Streit um das Umgangsrecht, ein Kind braucht ein Zuhause, es muss eindeutig wissen, wo es hingehört. Argumente wie diese entstammen dem traditionellen Bild der Familie. Wer sich die statistischen Zahlen ansieht, muss jedoch erkennen, dass dieses Familienbild angesichts hoher Scheidungsquoten zunehmend ins Schwanken gerät.

Die Frage, wer das Kind bis zur Trennung versorgt hat, sagt wenig über die Bedeutung beider Elternteile für das Kind aus. Die oft praktizierte Regelung (wenn die Eltern sich nicht einigen), dass derjenige Elternteil die elterliche Sorge erhält, der bisher die Versorgung des Kindes überwiegend sichergestellt hat, lenkt davon ab, dass die Familienstruktur sich verändert hat: Aus einer Kernfamilie ist eine Familie mit getrennt lebenden Eltern geworden. Da bleibt von den bisherigen Gewohnheiten wenig übrig. Umso wichtiger ist es, dass Väter bereit sind, mehr Erziehungsverantwortung zu übernehmen, und Mütter sich nicht dagegen wehren, einen Teil dieser Verantwortung abzugeben – und das, obwohl der Informationsaustausch zwischen beiden Seiten in der Regel eher abnimmt.

Männer und Frauen gehen unterschiedlich mit Kindern um.

Wohlgemerkt nicht besser oder schlechter, sondern einfach nur anders. Das gilt auch für die Erziehung. Selbst in einem heilen Elternhaus gibt es immer einen weicheren und einen strengeren Elternteil. Auch hier setzen Vater und Mutter unterschiedliche Erziehungsprioritäten, etwa bei Pünktlichkeit, Ordnung, Reinlichkeit, Tischmanieren, Ernährung, Fernsehen und was es an Tugenden sonst noch alles gibt.

Eine gesunde kindliche Entwicklung lebt geradezu von dieser Unterschiedlichkeit der Eltern. Wenn im Fall einer Trennung ein Elternteil eben jene Verschiedenheit zum Anlass nimmt, den anderen auszugrenzen, ist das grundfalsch und geradezu fatal.

> Was gefällt den Kindern, und was gefällt auch mir?
> So kann sogar gemeinsames Kochen zum Spaß werden:
> Ich machte Flädle (dünne Pfannkuchen) und übte
> dabei, sie zum Wenden aus der Pfanne hochzuwerfen.
> Meine Tochter wollte es auch probieren, es war ein
> Riesenspaß, vor allem, wenn das Flädle nach drei Saltos
> auf den Boden fiel oder in eine Tasse. Wenn dann der
> Vater (was mir nicht immer gelingt) etwas toleranter sein
> kann, was Sauerei angeht, dann ist das doch klasse.
> RUDOLF

Teilen Sie die elterlichen Aufgaben weiterhin auf

Eltern haben viele Aufgaben. Warum sollten sie im Trennungsfall nicht entscheiden, ob diese Aufgaben jeweils von dem Elternteil wahrgenommen werden, bei dem sich das Kind gerade aufhält, oder ob jeder auch weiterhin für bestimmte Bereiche zuständig bleibt? Dies gilt selbstverständlich nur für den Fall, in dem beide Eltern in räumlicher Nähe zueinander wohnen.

Beispielsweise gilt es zu vereinbaren, wer das Kind versorgen soll, wenn es nicht in der Schule/im Kindergarten ist. Soll das die Aufgabe eines oder beider Elternteile sein? Das hängt sicherlich auch davon ab, ob beide Elternteile arbeiten gehen oder nicht. Einigen Sie sich auf eine Teilung dieses Aufgabenbereiches, ist zusätzlich zu klären, wer die Kosten für die getroffenen Arrangements trägt, wer die Verantwortung für Einhaltung, Hinbringen und Abholen übernimmt.

Zum Beispiel können Sie und Ihre Ex-Frau sich die außerschulische Betreuung teilen, indem der eine die musischen, der andere die sportlichen Aktivitäten unterstützt. Die dafür entstehenden Kosten können Sie entweder durch zwei teilen oder eine dem Einkommen entsprechende Quote finden. Oder Sie eröffnen ein ›Kinderkonto‹, von dem aus diese und ähnliche Kosten bestritten werden und in das beide je nach ihren Möglichkeiten einzahlen. Möglich wäre auch, dass jeder die Kosten für die Arrangements übernimmt, die er selber trifft, und auch die Verantwortung für die damit zusammenhängende Organisation (Termingestaltung, Abholen und Hinbringen) trägt.

Wenn Sie sich vor der Fortsetzung der gemeinsamen Elternverantwortung fürchten, weil Sie glauben, sich mit der Mutter nicht einigen zu können, ließe sich Folgendes vereinbaren:

▸ Wechseln Sie sich, was die Entscheidungsautorität angeht, ab. Schaffen Sie zeitlich wechselnde Möglichkeiten (für einen gewissen Zeitraum treffen Sie die Wahl, dann Ihre Ex-Frau).
▸ Gliedern Sie die Verantwortung in Gebiete, wo jeder von Ihnen die Verantwortung hat.

Sie sollten aber nicht nur die künftige Aufgabenverteilung und die Zeiten festlegen, in denen Kinder bei Ihnen sind. Es gilt auch zu diskutieren:

▶ Welche Entscheidungen erfordern gemeinsame Beratungen?
▶ Wann ist es notwendig, den jeweils anderen zu informieren?
▶ Welche Entscheidungen können ohne gegenseitige Informationen getroffen werden?

Hier einen Konsens zu finden ist sicher nicht einfach. Aber wenn Sie sich gemeinsam vor Augen halten, dass es um die Kinder geht und nicht um Ihre Rivalität, kann es klappen.

Je jünger das Kind, desto wichtiger der häufige Kontakt

> Wenn man sein Kind nicht täglich um sich herum hat, beobachtet man es an den Tagen des Umgangs viel intensiver und kann viele seiner Verhaltensweisen besser einschätzen.
>
> RALF

Je jünger ein Kind ist, desto häufiger sollte es Kontakt zu dem Elternteil haben, mit dem es nicht mehr zusammenlebt. Das ergibt sich aus den Bedürfnissen dieser Entwicklungsstufe. Kinder in diesem Alter haben keinen Zeitbegriff. Deswegen ist es gerade für sie sehr wichtig, häufig mit dem nicht zu Hause lebenden Elternteil Kontakt zu haben.

Alte Faustregeln, nach denen ein 14-tägiges Besuchsrecht ausreicht, müssen sehr kritisch hinterfragt werden. Diese Regeln halten den neuen Erkenntnissen längst nicht mehr stand: Übersehen wird, dass man Kindern etwas zumutet, wozu nicht einmal die meisten Erwachsenen in der Lage sind. Denn wer von uns Großen kann auf der Basis eines so eingeschränkten Kontakts auf Dauer eine intensive, von emotionaler Nähe geprägte Partnerschaft aufrechterhalten?

Ein Vorschulkind hat schon nach weniger als einer Woche kein konkretes Bild mehr von seinem Vater, wenn dieser nicht präsent ist. Erst ab der Schulreife ist die emotionale Bindung nicht mehr so stark davon abhängig, wie oft es ihn zu Gesicht bekommt.

Keine Frage: Die praktische Seite erfordert sowohl von den Kindern als auch vom Wochenendvater viel Fingerspitzengefühl, einfach weil Liebe und Gefühl jetzt nach festen Zeiten ›praktiziert‹ werden müssen. Mal sind Sie selbst nicht in Stimmung, mal die Kinder nicht, längst nicht immer haben beide Seiten die gleichen emotionalen Bedürfnisse zur gleichen Zeit. Haben Sie mehrere Kinder, stoßen Sie auf unterschiedliche Persönlichkeiten, denen Sie gerecht werden wollen. Keine leichte Aufgabe.

Statt an dieser Stelle die Nerven zu verlieren oder den gesamten Flohzirkus einfach sich selber zu überlassen, sollten Sie sich lieber zusammensetzen, um zumindest eine Problemanalyse zu erstellen. Es ist völlig normal, dass unterschiedliche Bedürfnisse vorhanden sind. Es ist auch legitim, dass jeder glaubt, seine Wünsche stünden an erster Stelle. Um nicht im Wochenendchaos zu versinken, müssen Kompromisse ausgehandelt werden. Auch hier geht es um das Erlernen von Toleranz, Rücksichtnahme und um das Aushalten von Warten, Zurückstecken oder auch Langeweile.

Auch ein Wochenendvater ist kein Voodoo-Meister, der für jedes Problem eine Lösung parat hat. Doch mit Geduld und – vor allem! – Humor lassen sich auch auseinanderdriftende Interessen einigermaßen unter einen Hut kriegen.

> Auf dem Weg zum Einkaufen kam mir mein sieben-
> jähriger Sohn mit seiner Mutter entgegengeradelt.
> Er fuhr stur geradeaus, ohne mich zu grüßen.
> (Sie grüßt sowieso nicht.) Als ich ihn am Besuchs-
> wochenende darauf ansprach, war er völlig erstaunt.
> Er hatte mich einfach nicht wahrgenommen. Das
> hat aber, wie ich inzwischen weiß, nichts mit mir als
> Person zu tun, sondern Kinder sind meist derart
> intensiv mit ihrem Tun (in diesem Fall dem Radfahren)
> beschäftigt, dass sie die Welt um sich herum nicht
> wahrnehmen.
> ERNST

Kurz und oft ist besser als lang und selten

Sind die Abstände zwischen den Kontakten zu groß, wird das Kind immer wieder der Ungewissheit ausgesetzt, ob es den anderen Elternteil wiedersehen wird. Zu große Zeitabstände beeinträchtigen deshalb die Entwicklung oder Aufrechterhaltung einer vertrauensvollen Beziehung zum anderen Elternteil.

Kinderpsychologen empfehlen: Bis zum Schulalter sollte ein Kind idealerweise etwa ein Drittel der Jahreszeit mit dem nicht erziehenden Elternteil verbringen. Diese Zeit wird als Voraussetzung dafür betrachtet, dass eine Eltern-Kind-Beziehung wirklich gelebt werden und sich weiterentwickeln kann. Diese Begegnungen können später durchaus kürzer ausfallen.

Zum Beispiel festigt ein wöchentliches zweistündiges Abendritual die innere Beziehung genauso wie regelmäßige Besuche auf dem Spielplatz. Danach sind gemeinsame Wochenenden und Ferien kein Problem mehr. Eine sinnvolle, doch in der Realität meist nicht zu erreichende Vorgabe!

Feiertage – eine schwierige Zeit

Besuchsregelungen an den Feiertagen haben immer eine emotionale Seite. Ist es schon in ›heilen‹ Familien oft problematisch, bei der großen Weihnachtsbesuchstournee allen gerecht zu werden, kommen in unserem Fall noch Sentimentalitäten besonderer Art hinzu. Man erinnert sich an die Zeit, als man noch gemeinsam die Christmette besucht oder Ostereier gesucht hat. Dann wird einem bewusst, dass es nie mehr so sein wird. Nur in Ausnahmefällen sind Wochenendväter an Weihnachten oder Ostern in der ehemaligen Familie zugelassen. Die Regel ist vielmehr, dass die Kinder diese Tage einmal hier und einmal da verbringen. Welche Regelungen erweisen sich nun als sinnvoll?

Einen allgemeingültigen Lösungsvorschlag abzuliefern ist an dieser Stelle schwierig. Eine faire Lösung wäre, einen jährlich wechselnden Rhythmus vorzugeben, etwa nach dem Motto: Heiligabend und Ostermontag bei Mama, erster Weihnachtsfeiertag und Ostersonntag bei Papa. Oder die Weihnachtsferien bei Mama, die Osterferien bei Papa. Und im Jahr darauf umgekehrt. Die Praxis wird jedoch oft so aussehen, dass derjenige Elternteil, der am längeren Hebel sitzt, die ›Filetstücke‹ – eben Heiligabend und Ostersonntag – für sich beanspruchen wird. Bleiben Sie trotzdem dran und handeln Sie Kompromisse aus. Auch eine Bescherung am ersten Weihnachtsfeiertag verliert für die Kinder nichts von ihrem Wert, wenn Sie ihnen das Gefühl geben, dieser Tag sei für alle genauso schön und wichtig wie Heiligabend. Wie viele Kinder haben schon das Privileg, doppelt beschert zu werden?

Auch die nahe Verwandtschaft will die Kinder an diesen Feiertagen sehen. Ein gemeinsames Treffen etwa am zweiten Weihnachtsfeiertag oder am Karfreitag würde sich hier anbieten. Aber machen Sie der Verwandtschaft klar, dass diese Tage nicht dazu dienen, die Kinder herumzureichen, sondern dass in erster Linie das Zusammensein mit Ihnen, dem Vater, gefragt ist. Und auch wenn es abgedroschen klingen mag: Gemeinsame Spiele oder einfach nur miteinander Musik hören oder gar nichts tun gehören zu den Dingen, die Feiertage letztlich so richtig gemütlich machen.

TIPP Ähnlich wie bei Arbeitnehmern sind auch einige ›Fenstertage‹ während des Jahres geeignet, die Kinder einmal etwas länger bei sich zu haben. So bieten sich die Karnevalswochenenden oder die Herbstferien für zusätzliche Papa-Tage an. Voraussetzung ist natürlich, dass Sie sich mit Ihrer Ex-Frau einigen können. Wie gesagt: Je älter die Kinder sind und je länger die Trennung vollzogen ist, desto leichter lässt sich dieses Problem in vielen Fällen lösen.

Was tun mit Oma, Opa, Onkel, Tante?

Auch Ihre nahen Angehörigen haben ein Recht (und hoffentlich Lust darauf), Ihre Kinder zu sehen. Denn diese Kinder sind ja auch meist Enkel und Nichten und Neffen. Auch solche Zusammenkünfte sollten nicht dazu dienen, in Anwesenheit der Kinder über die Verflossene herzuziehen oder innerhalb weniger Stunden vermeintliche Erziehungsfehler beheben zu wollen. Sehen Sie diese Begegnungen als das, was sie sein sollten, als Erholungsinseln im Alltagsstress, Angebote an die Kinder, aber auch an die Verwandten, miteinander in Kontakt zu bleiben. Und noch etwas: Auch wenn Ihre Ex-Frau den Umgang nicht verbieten kann – falls eine längere Reise nötig ist, um die Großeltern oder andere Verwandte zu sehen, sollten Sie das Vorhaben wenigstens zur Kenntnis bringen. Ärger lässt sich manchmal mit ziemlich einfachen Mitteln vermeiden.

Wenn eine Besuchsregelung einigermaßen sinnvoll und mittelfristig festgelegt ist, lassen sich solche Kontakte auch planen und möglicherweise mit anderen Aktivitäten verbinden. Also lässt sich etwa der Besuch beim Großvater mit der Besichtigung einer nahe gelegenen Burg, eines kindgerechten Museums oder Ähnlichem verknüpfen. Oder Onkel und Tante (und eventuell deren Kinder) werden zu einem gemeinsamen Wandertag animiert. Gern zieht auch Großvater die Spendierhosen an und lädt die ganze Mannschaft zum Pizza-Essen ein.

Apropos Spendierhosen: Über die Tatsache, dass Großeltern zu den Enkeln immer nachgiebiger, großzügiger, toleranter sind, als sie es zu ihren eigenen Kindern je waren, kann man ganze Bücher füllen. Die Lebenserfahrung lehrt, dass Großeltern sich nur schwer erziehen lassen. Freundliche Hinweise, in Sachen

Geschenke gelegentlich die Handbremse anzuziehen, sind zwar angebracht. Ob sie aber auf offene Ohren stoßen, ist fraglich. Und Hand aufs Herz: Wochenendväter neigen selbst dazu, ihre Kinder über die Maßen zu verwöhnen. Ob aus Liebe oder schlechtem Gewissen, sei dahingestellt. Und ob hier Mahnungen auf fruchtbaren Boden fallen, möchte ich ebenfalls bezweifeln.

Wie Sie selbst im Gedächtnis bleiben

Um Ihrem Kind bis zu Ihrem nächsten Treffen eine zeitliche Orientierung zu geben und ihm die Dauerhaftigkeit Ihrer Beziehung zu verdeutlichen, können Sie beispielsweise sichtbare Symbole verwenden:

- ▶ einen Abreißkalender, auf dem die Tage mit Papa einen roten Punkt haben;
- ▶ Fotos von Papa im Kinderzimmer;
- ▶ ein Papa-Lieblingsspielzeug;
- ▶ regelmäßige Postkarten, die sichtbar aufgestellt werden;
- ▶ ein Papa-Fotoalbum.

Achtung! Diese Checkliste eignet sich auch für Fälle, in denen die Kinder zwar größer sind, ihren Vater aber aufgrund weit entfernter Wohnorte nur selten sehen. Wobei wir bei einem ganz besonders schwierigen Kapitel sind.

Wenn Vater und Kinder weit auseinander wohnen

Kinder sind Gewohnheitswesen. Jeder Versuch, ihren Stress so gering wie nur irgendwie möglich zu halten, ist sinnvoll. Veränderungen sollten auf ein Minimum reduziert werden – vor allem im Hinblick auf Wohnumfeld, Schule, Verwandte und Freunde. Das führt allerdings zuweilen dazu, dass die Kinder viele Kilometer vom Vater entfernt wohnen. Spontaneität ist hier so gut wie überhaupt nicht möglich. Doch es ist schier unglaublich, was manche Väter auf sich nehmen, um ihren Kindern nahe zu sein.

> Schwierig: Tausend Kilometer mit dem Zug fahren, nicht wissen, wie das Wetter an diesem Ort ist. Spielzeug bereithalten (Lego, jedes Mal was Neues). Mit dem Kind ins Hotel, dort die regionalen Zeitungen durchschauen und Gespräche mit den Hotelbesitzern führen, um zu erfahren, was es wo gibt. Ich kann auch die Natur nutzen, spielen am Forellenbach, Tom liebt das.
> UWE

Die Strapazen, die der folgende Vater regelmäßig auf sich nimmt, sind sicher ebenfalls kein Einzelfall.

> Meine Tochter und ich hatten drei Jahre lang das Problem, dass sie mit ihrer Mutter 200 Kilometer weit weg gewohnt hat. Meine Zeiten wurden somit auf das Wochenende beschränkt, in denen ich sie holen durfte. Alleine mit dem Zug zu fahren wurde ihr untersagt. So fuhr ich jede zweite Woche freitags hin, an der Türe

habe ich sie abgeholt, und wir fuhren zurück. Sonntags fuhren wir wieder hin, an der Türe habe ich sie dann abgegeben und musste alleine zurückfahren. Grob geschätzt heißt das: 1600 Kilometer im Monat, um meine Tochter sehen zu dürfen. Verrückt? Ja! Aber ich liebe meinen kleinen Hasen nun mal, und sie hat sich selbst da irre auf mich gefreut.

ROBERT

Dass auch lange Zugfahrten selbst unter schwierigsten Bedingungen erlebnisreich gestaltet werden können, beschreibt ein anderer Wochenendvater:

Ich fahre jeden dritten Freitag mit dem ICE 330 Kilometer zu meinen Kindern. Sie werden mir vom Lebenspartner meiner Ex-Frau übergeben (damit es keinen Streit gibt), dann fahren wir gemeinsam die 330 Kilometer zurück. Wenn wir Glück haben, gibt es ein Kleinkinderabteil mit Klettergerüst und anderen Kindern, aber erst einmal haben mir die Kinder jede Menge zu erzählen. Ein großes Ereignis ist es manchmal, wenn die Kinder großen Hunger haben und wir in den Speisewagen gehen. Wir sind mit ICE, Umsteigen in S-Bahn und Autofahrt nach Hause insgesamt drei drei viertel Stunden unterwegs, aber den Kindern wurde dabei nach nun ein ein viertel Jahren und ca. 20 Umgangswochenenden noch nie langweilig. Sie sind höchstens etwas müde am Abend. Letztes Mal sagten beide: Die Fahrt war ganz kurz, wie eine Stunde!

HANS

Ruf doch mal an!

Versuchen Sie, egal wo Sie wohnen, so oft es geht, mit Ihrem Kind zu telefonieren. Kinder sind Gewohnheitstiere. Machen Sie feste Telefonzeiten aus, aber nicht gerade dann, wenn Kinder gewöhnlich draußen toben sind oder kurz vor dem Schlafengehen. Einmal die Woche am späten Nachmittag oder nach der Schule vielleicht. Fragen Sie nach Alltäglichem, nach Kindergarten, Schule, nach Freunden und Erlebnissen. Sind die Kinder etwas größer und stehen Hilfsmittel wie Computer oder Handy zur Verfügung, kann so ein Kontakt auch mithilfe von Chats (z.B. über Skype, ICQ, Hello, Windows messenger etc.), E-Mails (Fotos verschicken!) oder SMS aufrechterhalten werden. Technisch besonders Begabte könnten sogar bei sich und den Kindern eine Webcam einrichten (lassen).

> An den Wochenenden, an denen ich die Kinder nicht habe, rufe ich sie immer einmal an, meist sonntags, nur für circa zehn Minuten, und sie erzählen mir von Unternehmungen, Schule und Ähnlichem. Briefe und Päckchen gibt es an Geburtstagen. Aber ich selber denke täglich, wenn nicht ständig an die Kinder, und das spüren sie, auch wenn ich es nicht dauernd betone.
> RAINER

Auch Telefonate können Ihnen guten Aufschluss über die Seelenlage Ihres Kindes geben:

Bei Telefongesprächen erkenne ich heute viel besser, was mir mein Sohn eigentlich sagen will. Ein Kind ist durchaus in der Lage, seine Sätze so zu formulieren, dass der andere am anderen Ende des Telefons erkennt, worum es geht (falls es nicht Mutters Meinung vertritt, weil sie gerade hinter ihm steht und mit Liebesentzug droht). Ich merke sehr deutlich, ob das, was mein Sohn sagt, seinem eigenen Willen entspringt oder ob es ihm als seine Meinung aufgedrückt worden ist.

PETER

Wichtig erscheint mir der folgende Tipp:

Ich habe dann angefangen eine ganz kurze Beschreibung meines Tagesablaufs zu machen und dann ein paar ausgesuchte Witze zu erzählen. Anfragen nach Umgang und gefühlsmäßige Dinge wie »Ich vermisse euch« usw. vermeide ich, weil meine ältere Tochter mir einmal sagte, ihr würde so etwas wehtun. Sie hat damit ja auch recht, denn wir vermissen uns, wenn mal wieder gar nichts läuft. Wozu es dann noch extra erwähnen, wo es nicht in der Macht meiner Töchter (und auch nicht in meiner) liegt, etwas daran zu ändern.

CHRISTIAN

Etwas anderes ist es, wenn diese Botschaft positiv rübergebracht wird, etwa: »Ich denke ganz fest an dich«, »Ich bete jeden Abend für dich«, »Ich habe dich ganz, ganz lieb«, »Ich freue mich sehr, wenn ich dich bald wieder sehe« (sofern dieses ›bald‹ auch wirklich der Fall ist), und Ähnliches.

Auch das folgende Problem dürfte vielen Wochenendvätern nicht unbekannt sein:

> Vor kurzer Zeit habe ich meiner älteren Tochter ein Handy geschenkt. In Mutters Augen eine Ungehörigkeit. Sie musste es mir zurückgeben. Aber hier bleibt meine Tochter hartnäckig, sie will sich gegen Muttern durchsetzen und das Ding unbedingt wiederhaben. Ich denke, sie wird sich auch in Kürze durchsetzen, und dann wird meine Tochter mich per SMS erreichen können, wann sie will. Für meine Tochter ist das Handy wahrscheinlich vordergründig ein Statussymbol. Unter diesen Umständen ist mir das aber egal. Es wird uns helfen.
> FREDERIC

Diese Beschreibung enthält auch gleich den Lösungsansatz: Versuchen Sie nicht, gegen den Willen der Mutter ein Handy (oder Ähnliches) durchzudrücken. Geben Sie sich kooperativ, spielen Sie auf Zeit. Irgendwann kann sich das Kind ein Handy vom Taschengeld kaufen. Und wenn Sie dann die Grundgebühr oder eine monatliche Summe übernehmen, kann man Ihnen das kaum verwehren.

Schreib mal wieder!

Auch der gute alte Brief oder eine Postkarte tun es, wenn man eine Botschaft hat, die da heißt: Du bist mein Kind, ich liebe dich, ich bin in Gedanken bei dir. Sie eignen sich vor allem, wenn Kinder nicht telefonieren dürfen.

... diese Briefe sind ritualmäßig immer mit zwei kleinen Herzen und einer Zeichnung aus einem Kinderbuch, das wir gerne lasen, geschmückt. Diese Zeichnungen haben die Kinder in ihre Briefe und Bilder für mich übernommen und zeigen mir dadurch, dass sie diese Botschaften verstanden haben.

KLAUS

Und auch das ist ein guter Tipp, der eine besondere Verbundenheit zwischen Vater und Kind herstellen kann:

Ich habe ihm auf Kassette vorgelesen, damit er meine Stimme hört, etwas von mir hat, wenn er es braucht.

UWE

Hier könnte man zum Beispiel auch MP3-Dateien per E-Mail versenden, die man über einen MP3-Player oder das Handy aufgenommen hat.

Botschaften per Telefon, Brief oder Mail kommen emotional immer an, auch wenn sie nicht immer erwidert werden. Eine Erfahrung, die übrigens viele Väter machen, die mir geschrieben haben, und mit der nicht alle gut umgehen können, schildert der folgende Vater:

Ich bin aber immer wieder enttäuscht, dass sich meine Tochter nicht von sich aus meldet, trotz Handy, mit dem sie ja, wenn sie es wollte, an ihrer Mutter vorbei mit mir Kontakt halten könnte. So muss ich also

zähneknirschend (aber dabei gehen die Mundwinkel
lächelnd nach oben!) mit meiner Ex den erwähnten
Smalltalk pflegen, um ans Kind heranzukommen.
PETER

Keine Frage: Sie haben einander viel zu erzählen. Lassen Sie Ihr
Kind an Ihrem Leben teilhaben. Es muss ja nicht bis ins letzte
Detail sein. Aber sprechen Sie über Ihre Arbeit, über das, was Sie in
der Freizeit machen, über Fernsehfilme, die man – jeder an seinem
Ort – sehen kann und über die man sich austauschen kann. Fragen
Sie nach den Lieblingspopstars, sprechen Sie über Fußball, disku-
tieren Sie über Computer und ›Deutschland sucht den Superstar‹.
Klar: Über das ein oder andere müssen Sie sich jetzt schlauma-
chen. Aber ist es nicht toll, immer wieder was Neues dazuzulernen?

Der Fragebogen von Ursula Kodjoe zu Beginn dieses Kapitels,
der Ihnen klarmachen kann, wie nah Sie Ihrem Kind sind, enthält
noch viele weitere Ansatzpunkte zu diesem Thema.

Ein besonders kreativer Vater gibt die folgenden Ideen weiter:

Sich kümmern heißt die Devise. Ich habe Briefe, Karten
geschrieben, wann immer es mir möglich war. Ich habe
meiner Tochter eine CD geschenkt, auf der sie mich hat
singen hören. Ich habe ihr eine Geschichte, in der sie
selbst vorkommt, geschrieben, die sie sich jeden Abend
von ihrer Mutter hat vorlesen lassen. Ich habe immer
wieder mit ihr zusammen Musik gemacht, und wenn
sie dann Lieder im Radio gehört hat, die sie bereits mit
mir gesungen hat, hat sie immer an mich gedacht.
JENS

Worauf es grundsätzlich zu achten gilt

Kindgerechtes Wohnen

Wer als Mann und Vater die gemeinsame Familienwohnung verlassen und sich nach eigenen vier Wänden umschauen muss, wird dies meist im Bewusstsein knapper finanzieller Mittel tun. Da kann es bei der Wohnungssuche schon zu Erfahrungen wie diesen kommen:

> Ich habe eine Zwei-Zimmer-Sozialwohnung, die ich mit sehr viel Mühe bekommen habe. Leider ziehen die Ämter oft nicht an einem Strang. Das Jugendamt schreibt vor, wenn ich meine Kinder über Nacht haben möchte, muss ich ein Zimmer für sie nachweisen. Das Wohnungsamt hat mir sogar einen Wohnberechtigungsschein für eine Drei-Zimmer-Wohnung gegeben. Das Sozialamt hingegen sagt, mir stünde nur eine Ein-Raum-Wohnung bis 45 Quadratmeter und ca. 560 Mark Miete zu.
>
> KLAUS

TIPP Wenden Sie sich im Zweifelsfall an eine Selbsthilfeorganisation in Ihrer Nähe, weil hier Väter mit ähnlichen Erfahrungen wissen dürften, wo es langgeht. Adressen finden Sie im Anhang dieses Buches.

Es heißt, Raum ist in der kleinsten Hütte. Das mag durchaus so sein. Ein Kind ist – meistens – nicht sonderlich anspruchsvoll, wenn es um Äußerlichkeiten geht. Wenn es Geborgenheit spürt, wenn es gern bei Ihnen ist, kommt es in einer Zwei-Zimmer-Wohnung genauso gut klar wie in einem Palast. Wichtig ist, Ihrem Kind das positive Gefühl zu vermitteln, es habe jetzt zwei Zuhause, eines bei der Mutter und eines beim Vater. In beiden Häusern soll es sich stets willkommen, geliebt, geborgen und angenommen fühlen. Das ist viel besser als das Gefühl, aus einer kaputten Familie zu stammen, in der man sich überhaupt nicht wohlfühlen kann. Wenn es sich machen lässt, geben Sie Ihrem Kind sogar einen Schlüssel für Ihre Wohnung, weil es dann immer zu Ihnen kommen kann und sich nie ausgeschlossen fühlen muss.

> Bei Freunden nachgefragt. Auf Flohmärkten geschaut. Das eine oder andere auch selbst gebaut. Letzteres finden Kinder normalerweise tausendmal besser und interessanter als Billigmöbel, die eventuell nicht lange halten.
> ULF

Möbel sind eine Frage des Geldbeutels oder des eigenen Geschicks. Die einen holen sie von IKEA, andere vom Sperrmüll, Dritte kriegen von guten Freunden das, was noch auf dem Dachboden steht. Und wieder andere sind die geborenen Schreiner. Auch Sozialamt und Kirche können hier weiterhelfen.

Sorgen Sie vor allem für ein kindgerechtes Bett mit guter Matratze. Suchen Sie es, wenn möglich, zusammen mit dem Kind aus. Wählen Sie ein größeres Bett, damit Sie nicht alle paar Jahre ein neues kaufen müssen. Auch eine hochwertige Klappcouch, die Sie selbst unter der Woche als Sofa nutzen können, bietet sich an. Natürlich macht es Kindern Spaß, zum Beispiel bunte Bettwäsche selbst auszuwählen. Alles, was man miteinander macht, vertieft das Zusammengehörigkeitsgefühl!

Was Sie alles zu Hause haben sollten

Wenn Sie ein ›moderner‹ Familienvater waren, wissen Sie von selbst, was Ihr Kind für den Alltag braucht, welche Spielsachen es möchte, wenn es bei Ihnen ist. Wichtig ist zum Beispiel ein Kuscheltier für die Nacht, etwa den ›Papa-Bär‹, der immer wartet, bis es wiederkommt. Auch Hausschuhe, Schlafanzüge, Ersatzober- und -unterwäsche, Handtücher, Seife, Zahnbürste, Kinder-Duschgel, evtl. Windeln, Babynahrung usw. sollten Sie bereithalten. Ein eigener Schrank, in dem das Kind seine Sachen lassen kann, hilft ihm, sich bei Ihnen auch zu Hause zu fühlen. Ein eigenes Reich ist für Kinder immer wichtig.

Dass Ihr Kind in diesem Reich auch Beschäftigungsmöglichkeiten wie Gesellschaftsspiele, Kinder- und Malbücher, Bastelmaterial oder passende Möbel (Kinderhochstuhl, eigener Schreibtisch und so weiter) vorfindet, ist ebenso selbstverständlich wie eine kindersichere Wohnung. Dazu gehören zum Beispiel Steckdosensicherungen, gesicherte Treppen und Fenster, gut weggeräumte Medikamente oder Putzmittel.

Benötigt Ihr Kind spezielle Medikamente? Falls ja, sollten Sie die immer vorrätig haben. Fieberzäpfchen und -thermometer, Halstabletten, Wärmeflasche, Heftpflaster, Wundcreme und Ähnliches dürfen in keinem Haushalt fehlen, in dem Kinder (mit)leben. Lassen Sie sich, wenn Sie sich mit der Mutter der Kinder nicht sachlich austauschen können, von Ihrem Haus- oder Kinderarzt oder Apotheker beraten, wie eine solche Grundausstattung aussehen könnte.

Noch zwei Tipps, die ich von Vätern erhalten habe:

▸ Ist Ihr Kind Brillen- oder Kontaktlinsenträger, sollte eine Ersatzbrille beziehungsweise Zweitlinsen (inklusive Flüssigkeit) bei Ihnen deponiert sein.
▸ Kommt Ihre Tochter in die Pubertät, sollten Sie auch hierfür (mit ihrer Hilfe) den passenden Hygienevorrat anschaffen.

Können Sie kochen?

Erstaunlich viele Männer bewegen sich heutzutage in einer Küche genauso sicher wie im Hobbykeller. Doch es gibt nach wie vor einen hohen Anteil, der sich kaum am Haushalt beteiligt. Da steht man(n) dann schon mal da wie der Ochs vorm Berg. Dabei ist es mit gutem Willen gar nicht so schwer, schnell etwas Einfaches und trotzdem Schmackhaftes auf den Tisch zu zaubern.

> Nach der Trennung habe ich mir einen Dampfgarer gekauft, der sich als wahrer Segen erwies. Denn damit gelingt das Essen, das ich mir jeden Abend mache, immer. Und wenn Anja da ist, dann gare ich von Anfang an für beide.
> PETER

123

Miteinander lernt sich's leichter:

> Ich konnte fast alles, für den Alltag, nur nicht kochen!
> Man muss es einfach ausprobieren. Vielleicht gute
> Ratschläge von Freunden/Eltern etc. befolgen oder es
> gemeinsam mit den Kindern ausprobieren. So ist die
> Enttäuschung der Kinder halbiert: Sie haben ja mit-
> geholfen. Beim nächsten Mal klappt es dann besser.
> ULF

Ein Tipp aus eigener Erfahrung: Eine Gefriertruhe (die kriegt man auch gebraucht) ist für einen Kochtopf-Amateur wie mich ein Segen. Tiefgefrorene Pfannengerichte kriegt jeder hin. Es geht schnell, sie sind preisgünstig, gelten als durchaus nahrhaft und schmecken gut. Und auch Pommes, Eis, Fischstäbchen, Pizza und was Kindermägen sonst noch so begehren, lassen sich in der Truhe praktisch verstauen. Ein weiterer Vorteil: Sie können beim Großeinkauf zuschlagen und müssen nicht wegen jeder einzelnen Portion in den Supermarkt rennen.

Inzwischen habe ich gelernt, mit dem Wok zu kochen, das geht ebenfalls schnell, ist gesund und das Gemüseschnippeln macht auch den Kindern Spaß.

Über gesunde Kinderernährung im Allgemeinen und Besonderen gibt es Literatur ohne Ende. Ohne ins Detail gehen zu wollen: Auch hier ist es wichtig, ein Kind nicht mit Cola, Chips und Gummibärchen vollzustopfen, wenn Ihre Ex-Frau auf dem Öko-Trip ist. Diesen Konflikt können Sie sich ersparen. Und auch Ihrer eigenen Gesundheit nutzen.

Das Wochenende – so kann es ablaufen

So holen Sie Ihr Kind ab

Am Anfang ist man zu sehr mit sich selber und der neuen Situation beschäftigt, um aus dem Kind zu lesen. Unsere Kinder sind weiß Gott wirklich Bücher, man muss sie nur lesen und möglichst auch verstehen können. Man muss sich einfach mal die Mühe machen, die Gestik, Mimik, den Ausdruck von Augen, Händen und Mund wahrzunehmen, und dann lesen und verstehen. Ich arbeite schon lange daran und lerne jedes zweite Wochenende mehr.

ULF

Jeder Umgang beginnt mit dem Übergang. Kinder wechseln von einem Elternteil zum anderen, von einer Wohnung in die andere. Keine Frage: Dieser Übergang verläuft oft schwierig. Sehen wir uns einmal die psychische Situation an. Das Kind muss die Mutter verlassen, um mit dem Vater zu gehen, und es muss den Vater verlassen, um zur Mutter zurückgebracht zu werden. Jeder dieser Abschiede kann mit Ängsten von Verlust und Verlassenheit verbunden sein. Diese Ängste werden leider häufig zur Angst vor dem Vater uminterpretiert und fatalerweise oft sogar vor Gericht zur Begründung für Umgangsbeschneidung oder -aussetzung herangezogen. Die Diplom-Psychologin Ursula Kodjoe nennt dies »eine Praxis, die die Verlassenheitsängste bestätigt und den Verlust nahezu ›gesetzlich herbeiführt‹«.

Die Abschiede sind kleine Tode.
STEPHAN

Um dem vorzubeugen, sind Einfühlungsvermögen und Fantasie der Eltern gefordert: Wenn Sie als ankommender Vater eine Weile mit dem Kind in Anwesenheit der Mutter zusammen spielen und die Mutter sich dann langsam zurückzieht, sich also gewissermaßen uninteressant macht, dann ist das Kind auch meist bereit, sich Ihnen als Vater neugierig zuzuwenden. Auch die Wohnung verständnisvoller Großeltern oder anderer Bezugspersonen aus der Welt des Kindes kann sich für eine derart ›weiche‹ Übergabe eignen.

Ein Kind, das wie Sperrmüll abholbereit vor die Tür gestellt wird, weil die Gegenwart des anderen Elternteils in der Wohnung für unzumutbar erklärt wird, lernt dagegen zweierlei:

▶ Die Tatsache, dass zwischen den Eltern etwas nicht stimmt, bedeutet in der ichbezogenen Weltsicht des Kindes, dass mit ihm selbst etwas nicht stimmt.

▶ Es scheint nicht gut zu sein, beide lieb zu haben und mit ihnen beiden zusammen sein zu wollen.

So wichtig sind Übernachtungen

Pia schlug vor, sie könne alle 14 Tage zu mir kommen, und die Mutter war einverstanden. Übernachtungen stand die Mutter von Anfang an sehr restriktiv gegenüber (nur in den Ferien!). Zu spät habe ich gelesen, wie wichtig es ist, auf regelmäßigen Übernachtungen

von Anfang an zu bestehen, weil sie sonst bei den älter
werdenden Kindern nicht mehr durchzusetzen sind.
Genauso war es bei Pia. Es gibt schon seit Jahren keine
Übernachtungen mehr. Und es wird auch keine mehr
geben. Sie selbst lehnt das ab.
EWALD

Untersuchungen des Children Right Council in Washington
haben ergeben: Für die Qualität der Beziehung, aber auch für die
Aufrechterhaltung des Kontakts zwischen Kind und Wochenendvater spielt es eine entscheidende Rolle, ob er seinem Kind von
Anfang an eine Übernachtungsmöglichkeit schafft. Die Studie
fand heraus, dass Kinder, die von den Eltern zunächst nicht für
fähig gehalten wurden, auch beim anderen Elternteil zu schla-
fen, später auch dann nicht dort übernachten wollten, wenn sie
eigentlich in der Lage waren, sich längere Zeit alleine in frem-
der Umgebung aufzuhalten. Andererseits behielten Kinder, die
von Anfang an beim Vater schliefen, diese Gewohnheiten auch
dann bei, wenn üblicherweise angenommen wurde, dass sie
Übernachtungen beim zweiten Elternteil ablehnen würden, weil
sie Teenager wurden.

Doch auch diese Aussage eines Vaters scheint mir sehr beherzi-
genswert:

Will das Kind nicht über Nacht bleiben, bringen
Sie es zur Mutter zurück, es ist nicht der Gefangene
des Vaters!
PETER

Selbstverständlich ist es wichtig, nach den Gründen für die Weigerung zu fragen. Denn die unterscheiden sich, je nach Fall, ganz eklatant.

Der Faktor Zeit

> Zeit hat man nicht, man nimmt sie sich.
> STEPHAN

Ich selbst habe als Freiberufler den Vorteil, mir meine Zeit einigermaßen frei einteilen zu können. Und ich tue dies, auch wenn mal der ein oder andere Auftrag liegen bleibt, an den Wochenenden immer im Interesse der Kinder. Freitags fällt in meiner Agentur um 13 Uhr der Griffel: Da kommen meine Söhne. Da wird erst mal geredet, gekocht, Hausaufgaben gemacht und, und, und … Hat sich alles ein wenig gesetzt und sind wir wieder auf dem Laufenden, kann ich durchaus noch mal an den PC gehen und etwas arbeiten. Denn da liegen ja auch noch das angefangene Kreuzworträtsel von vor 14 Tagen für den Großen oder der noch nicht fertig gebaute Lego-Hubschrauber, an dem weitergebastelt werden muss, für den Kleinen. Da ist es nur noch wichtig, dass Vater in der Nähe ist und man ihn nach diesem oder jenem fragen kann. Wenn er in einem anderen Zimmer ist – kein Problem!

Schwerer haben es da Väter, die über ihre Zeit nicht so frei verfügen können. Aber auch hier gibt es Möglichkeiten. Einer von ihnen beschreibt sein Prinzip folgendermaßen:

Wie finde ich genug Zeit? Ich mache Überstunden und ›bummle‹ diese dann ab, wenn ich freitags die Kinder zu mir hole. Ich mache um 11, statt um 15 Uhr Feierabend. Dann fahre ich meine 200 Kilometer, um die beiden zu holen. Die Arbeitgeber haben in der Regel Verständnis dafür. Hätte ein Chef dieses Verständnis nicht, würde ich sofort die Stelle wechseln. Die Wochenenden halte ich mir komplett frei. Das heißt, der Rasen ist bereits gemäht, der Stall schon ausgemistet. Das ist alles nur eine Frage der Organisation. Ansonsten lasse ich auch mal etwas liegen.

PATRICK

Auch wenn es banal klingen mag: Wo ein Wille ist, ist auch ein Weg. Und kein Chef der Welt wird sich dagegen sperren, wenn man seinen Kindern alle 14 Tage für ein paar Stunden den Vorrang vor dem Job gibt. Ansonsten sollte man sich, siehe oben, ernsthaft überlegen, was das für ein Job ist, der einem für das Wichtigste auf der Welt keine Zeit lässt!

Die Kinder kommen – und nun?

Eines des größten Wochenendväter-Dilemmas spricht dieser Vater an:

Väter, denen nun mal die soziale Kompetenz der Mutter fehlt, versuchen, den Mangel durch Aktionismus (typisch männliches Verhalten!) zu überspielen und die Kinder in Veranstaltungen oder zu den eigenen

Eltern oder zu anderen Verwandten oder Freunden zu schleifen. Kinder brauchen das nicht, denen genügt das Zusammensein mit ihrem Papa vollauf.

KLAUS

Soll man also das Wochenende mit Kindern überhaupt verplanen? Und wenn ja, wie? Auch hier sprechen die Antworten der Väter für sich:

An den Wochenenden gibt es nichts zu planen, denn Anja will aus meiner Wohnung nie raus. Sie kommt mit einem Plan. Der Ablauf ist immer derselbe: Abholen mit dem Auto, Essen machen, spielen und manchmal auch fernsehen (weil es bei Mama keinen Fernseher gibt), zurückbringen.

PETER

Als Wochenendvater wird man sozusagen oft ›ins kalte Wasser geworfen‹. Viele, auch schmerzliche Erfahrungen führen zu Einsichten wie dieser:

Auch ich habe mich anfangs dem allgemeinen ›Wochenendväter‹-Standard angepasst (McDonald's, Kino, Schwimmen, Spielsachen und Geschenke). Heute weiß ich, das war der falsche Weg. Dies habe ich sehr spät erkannt. Als ich es bemerkte und mein Zuhause so herrichtete, dass sie ein eigenes Zimmer bekam, das nach ihren Vorstellungen und Wünschen eingerichtet wurde, fühlte sie sich wohl und wollte teilweise nicht mehr weg. Der gemütliche Fernsehabend wird meist dem Kino vorgezogen.

THOMAS

Oft ist es das schlechte Gewissen, das einen Wochenendvater zu der irrigen Ansicht verleitet, er müsse Programm, Programm und noch mal Programm bieten. Wie ein Animateur im Robinson-Club setzt er Highlight auf Highlight, hetzt atemlos mit seinen Kindern durch die Wochenenden und erfährt schließlich das, wovon dieser Vater berichtet:

> Man mimt den Unterhaltungskünstler (und läuft wohl sogar der Ex und dem Neuen etwas den Rang ab, das tut man ja nicht ganz ohne Häme auch gerne, selbst wenn es reichlich teuer wird). Aber wie soll man das beim nächsten und übernächsten Mal immer wieder toppen? Ich denke heute, es ist viel wichtiger, das Kind den eigenen Alltag erleben zu lassen. Das schließt ja Highlights wie oben nicht aus – sie sollen nur nicht zur Gewohnheit verkommen, sondern wirklich tolle Ausnahmeerlebnisse bleiben. Wichtig erscheint mir aber auch, auch bei Regenwetter gemeinsam drinnen sitzen zu können, das Gespräch zu suchen. Was bewegt mein Kind eigentlich? Schaffe ich es, wenigstens häppchenweise an seinem Alltag und seinen Sorgen teilzuhaben – und es auch an meinem neuen Leben teilnehmen zu lassen?
> ANDREAS

Keine Frage: Der Spagat für einen Vater ist nicht leicht zu bewältigen. Da hat er seinen Nachwuchs nur für einige wenige Stunden, und dann soll er auch noch in dieser kurzen Zeit loslassen können. Wie beglückend dies sein kann, wenn man es richtig macht, schildern diese beiden Väter:

Wichtig ist ihr die Möglichkeit, sich in ihrem Zimmer mal verkriechen zu können, mal alleine zu spielen oder dann Sachen zu zeigen, die sie gemacht hat (Bild gemalt, gebastelt und so weiter). Heute weiß ich, das ist ihr viel mehr wert als sonst irgendwas. Wir haben zusammen für ihre Mutter gebastelt, für Weihnachten oder Geburtstag, und das, obwohl meine Ex und ich uns nicht verstanden. Aber für meine Tochter war es wichtig zu erkennen, dass ich nicht negativ eingestellt war und ich es ernst meinte mit: »Komm, lass uns etwas für Mama machen, das freut sie bestimmt!« Und sie hat immer freudig geschenkt. »Sieh mal, was ich mit Papa gebastelt habe für dich!« Das waren dann ihre Glücksmomente.

HOLGER

Heute sind meine Jungen schon größer, sie lassen sich bei mir hängen, erholen sich. Pennen manchmal bis elf Uhr, dann sorge ich für ein knackiges Frühstück, sie helfen mir dann in der Wohnung, beim Kochen oder bei einem kleinen Einkauf. Dann reden wir zusammen, machen es uns gemütlich oder unternehmen etwas: Museum, Sport, Pferderennen, Konzert, Schwimmen, Segeln, Gleitschirmfliegen. Aber ich nehme sie auch schon mal mit zum Friedhof, und sie helfen mir bei der Pflege der Familiengräber.

PETER

Schön, wenn die Kinder im Umfeld des Vaters einen Freund oder sogar einen ganzen Kreis anderer Kinder zur Verfügung haben. Auch für einen Erwachsenen ist es leichter, in das Spiel zweier oder mehr Kinder einzusteigen. Außerdem machen Ballspiele, Verstecken und Ähnliches zu viert oder fünft mehr Spaß als zu zweit. Auch Kochen in größerer Runde bereitet Alt und Jung mehr Vergnügen. Pflegen Sie solche Freundschaften, schotten Sie sich und die Kinder nicht ab!

Schaffen Sie Rituale

Bestimmte Dinge, die den Kindern immer wieder besonderen Spaß bereiten, sollten Sie nutzen, um Rituale zu schaffen. Das schweißt zusammen. Denkbar sind: Abschluss des Abends durch Vorlesen aus einem Buch, gemeinsame Spiele, regelmäßiger Sport oder die Pflege eines Hobbys – Münzen oder Briefmarken sammeln, Fotografieren oder Ähnliches.

Apropos Fotografieren: Schnappschüsse, die nicht nur im Urlaub entstehen, in einem schönen Album anzulegen, mit witzigen Kommentaren zu versehen und sich das Album unter dem Motto ›Weißt du noch?‹ ab und zu an verregneten Abenden anzusehen – auch das hat etwas sehr Verbindendes!

Spiel und Sport

Gemeinsam Sport treiben und miteinander spielen, spielen, spielen gehört zum Wichtigsten, was ein Vater für seine Kinder tun kann. Erst recht, wenn er sie nur selten hat. Spielen Sie mit Ihren

Kindern, wann, wo und wie immer Sie können! Als ich meinen Kindern von diesem Buchprojekt erzählte – der Große ist zu dem Zeitpunkt, da ich dies schreibe, immerhin fast 15 – und sie fragte, was ihnen denn das Wichtigste im Umgang mit mir sei, kam die Antwort wie aus der Pistole geschossen: »Dass du viel mit uns spielst!« Wir haben einen halben Schrank voll mit Gesellschaftsspielen, und wenn das Wetter auch nur einigermaßen mitspielt, sind wir auf dem Fußballplatz und bolzen miteinander.

Ob Sie nun miteinander basteln, malen oder singen, Exkursionen in die Natur unternehmen oder gemeinsam Sport treiben: Kinder sind (fast) immer dafür zu haben, etwas mit dem Vater zu unternehmen. Auch scheinbares Desinteresse verfliegt schnell, wenn man erst mal bei der Sache ist. Natürlich sollten Sie Aktivitäten auswählen, die nicht nur Ihrer eigenen Vorliebe entspringen, sondern auch bei Ihren Kindern auf Begeisterung stoßen. Der langweilige sonntägliche Spaziergang, bei dem Kinder lustlos den Eltern hinterhertrotten mussten, sollte doch endgültig in der Mottenkiste der 50er Jahre verschwunden sein. Denken Sie daran: Kinder sind neugierig. Sie wollen die Welt entdecken.

Wenn der Vater mit der Tochter

Väter und Söhne – das ist das Normalste von der Welt. Große und kleine Männer verstehen sich oft ohne viele Worte durch Sport, Basteln, Computer, Rangeleien. Das Verhältnis zwischen Vätern und Töchtern ist meines Erachtens vielschichtiger. Ohne all zu psychologisch werden zu wollen, weiß man spätestens seit Sigmund Freud, dass Väter für Töchter oft der erste platonische Geliebte sind, der Märchenprinz, der Ritter ohne Furcht und Tadel.

Meine Töchter haben mir Bilder gemalt, auf denen
sie mich als ihren Bräutigam darstellen. In der Öffentlichkeit Händchen halten, auf dem Schoß sitzen und
Umarmungen sind heute noch normal. Die beiden
sind jetzt acht und zehn Jahre alt. Die ältere ist schon
in der Pubertät. Jungen erscheinen mir in diesem Alter
schon wesentlich cooler und distanzierter. Papa hilft
Mädchen, ein gesundes Selbstvertrauen und Selbstwertgefühl zu entwickeln. Das heißt, meine Mädchen
holen sich da bei mir, was sie brauchen, und verlassen
sich auf mein Urteil.
CHRISTIAN

Einen ganz eigenen Aspekt gewinnt dieser Vater der Beziehung zu
seiner Tochter ab:

Außerdem steigen teilweise die Chancen, eine
neue Frau kennenzulernen, da man zum Beispiel
beim Einkaufen mit seiner süßen Tochter eine
›gute Partie‹ abgibt.
ULF

Umgekehrt sind Väter von Töchtern viel eher dem Vorwurf des
Missbrauchs ausgesetzt als Väter von Söhnen.

Immer zu bedenken, ob im Schwimmbad und erst
recht beim Übernachten beim Vater, ist die bei vielen
Frauen – ich unterstelle, aus eigenem verdrängten
Erleben – schnell herbeizitierte verbale Keule:
Missbrauch als latente Bedrohung der natürlichen

Gemeinsamkeit. Wenn meine kleinere Tochter früher wie selbstverständlich morgens zum Kuscheln in mein Bett kam, dann ist diese Art körperliche, eigentlich stinknormale Nähe heute tabu.

NORBERT

Soll man sich deswegen nur noch vor Zeugen begegnen? Nein! Zwar sind die Begegnungen mit ihren Töchtern für viele Wochenendväter aufgrund der angespannten Situation oft nicht mehr ganz so zwanglos und natürlich wie früher. Aber sie von vornherein mit der Erwartung von Unterstellungen zu belasten heißt wohl auch, solchen Unterstellungen erst Raum zu gewähren.

Nun gut, ich habe eine Tochter, und am Anfang unserer Trennung habe ich von meiner Ex-Frau einen Brief bekommen, in dem das gemeinsame Baden samstags nicht mehr gestattet worden ist. Im Fernseher hat sie einen Fall von Kindesmissbrauch mitbekommen, und dies sollte nun damit abgefangen werden. Auch die Badezimmertür sollte immer geöffnet sein. Meine Tochter und ich lernten uns hier anzupassen. Im Laufe der Zeit ergab es sich doch wieder, dass wir, speziell im Urlaub, zusammen geduscht haben und das Ganze relativ problemlos. Ich kenne meine Tochter ja nun lange genug, und es ergeben sich auch zwischen uns sogenannte Männergespräche, da hat es keine geschlechtlichen Unterschiede. Wir fahren Inliner, Schlittschuh, Fahrrad, Motorrad, gehen in die

Eisdiele, ins Kino, zum Schwimmen, auf Konzerte, Veranstaltungen, Flohmärkte und was weiß ich noch. Ich kann keinen Unterschied erkennen, ob nun Sohn oder Tochter. Ich denke, hier entscheidet die Zeit, die man miteinander verbringt und in der man sich gegenseitig studiert.
HOLGER

Als Wochenendvater mit den Kindern in Urlaub

Lieber entspannt in die Rhön als mit den Nerven fertig in Spanien.
RAINER

Ferien mit den Kindern sind ein leidiges Thema. Für viele Mütter ist der Gedanke ausgesprochen unangenehm, ihrem Ex-Mann die Kinder für ein bis zwei Wochen am Stück zu überlassen. Und nicht selten gibt es hier ein Veto über die Gestaltung der Ferienzeit. Versuchen Sie auch hier zu verhandeln. Abmachungen könnten zum Beispiel folgendermaßen aussehen:

▸ Jeder von Ihnen fährt mit den Kindern mindestens zwei Wochen im Jahr in Urlaub. Sie vereinbaren, sich mindestens ein Vierteljahr zuvor davon in Kenntnis zu setzen, wenn Sie mit den Kindern verreisen wollen, um zeitliche Doppelbuchungen zu vermeiden.

▸ Wenn Sie beide zur gleichen Zeit mit den Kindern in Urlaub fahren wollen, vereinbaren Sie,

▸ dass die Kinder mit dem Elternteil den Urlaub verbringen, mit dem sie zu dieser Zeit im vergangenen Jahr nicht zusammen waren, oder

▸ dass im jährlich wechselnden Rhythmus Vater oder Mutter die erste Wahl haben, um den Zeitpunkt des gemeinsamen Urlaubs mit den Kindern zu bestimmen.

Eine solche Regelung lässt sich übrigens auch, wie bereits skizziert, für Feiertage wie Weihnachten, Ostern oder Pfingsten treffen.

> Einmal wollte ich mit meinen Kindern in den Herbstferien Urlaub auf einer Nordseeinsel machen, das wäre keine große Anfahrt gewesen. Mutter hat's verboten. Ich musste in der Hauptreisezeit mit den Kindern ans Mittelmeer. Nachdem diese Forderung erst kurz vor den Ferien geäußert wurde, musste ich nehmen, was noch übrig geblieben war. Familienurlaub in Tunesien in einem abgeschlossenen All-inclusive-Hotel. Nicht schlecht, aber wegen der Reiserei nicht ohne erheblichen Stress für die Kinder und mich. Und auch nicht gerade billig, für das Geld hätten wir auf Amrum in einem Luxushotel wohnen können.
> WILLI

Besonders beliebt sind auch, wie mir mehrere Zuschriften zeigten, Ferienaktivitäten wie Camping:

Ich lieh mir den Wohnwagen meines Vaters, fuhr nach Frankreich und suchte mir einen schönen Platz. Gerade auf dem Campingplatz können sich Kinder immer prima selbst beschäftigen, finden Kontakt zu anderen, und wenn's dann noch an einem See ist, wo man planschen und Enten füttern kann, dann wollen die da gar nicht mehr weg. Zu Ausflügen musste ich sie regelrecht zwingen. Außerdem kann man beim Campen selber kochen, was beim Sparen hilft.

RUDOLF

Auch Segeln kommt bei Alt und Jung gut an. Segelboote lassen sich auch einigermaßen günstig mieten.

Also, Segeln ist das Beste, was ich empfehlen kann. Auf einer Segelyacht kann keiner einfach abhauen und die gekränkte Leberwurst spielen. Die räumliche Enge bringt Vater und Kinder sofort einander auch menschlich näher, und die Kinder passen sich den Gegebenheiten leicht an, da ja wechselseitige Rücksichtnahme nötig ist, wenn man Schulter an Schulter ›arbeitet‹. Eine gemeinsam durchgestandene Gefahr verbindet mindestens so stark wie die möglichen schönen Erlebnisse. Naturbeobachtungen beruhigen, Knoten lernen ist ein Riesenspaß, Radio hören, angeln, gemeinsam kochen, mit dem Beiboot rumplanschen, schwimmen, sonnen, Musik hören und jeden Abend in einem neuen unbekannten Hafen, wo die Kinder vor dem Schlafengehen noch eine Entdeckungsreise machen können. Allerdings: An Bord können Kinder ihren natürlichen

Bewegungsdrang nicht voll ausleben. Die Tagesreisen müssen darum kurz sein, ca. vier Stunden, und die Häfen müssen so gewählt werden, dass die Kinder da Spaß finden, Spielplatz oder Planschbecken. Möglich ist das alles zum Beispiel in Holland.

PETER

TIPP Wenn Sie den Kopf sowieso nicht richtig freihaben und das Budget eher knapp ist, dann planen Sie den Urlaub einfach, simpel, sofort realisierbar und ohne große Vorbereitung. Suchen Sie sich einen Urlaubsort, wo es gute Spielmöglichkeiten und viele gute Beschäftigungsangebote gibt – ob an der Nordsee (zum Beispiel die Inseln Baltrum oder Spiekeroog, ohne Autos und mit vielen Kindern und guter Luft), im Allgäu oder, wenn die Mittel reichen, auf Mallorca (mit abendlicher Kinderdisco und ebenfalls vielen Kindern). Das Urlaubsziel selbst ist eigentlich zweitrangig. Wichtig ist, dass Sie alle miteinander wenig Aufwand und somit Ihren Spaß haben. Und der beginnt bereits bei der gemeinsamen Auswahl von Urlaubsort und Planung der Aktivitäten. In Urlaubsplänen zu schwelgen und zusammen von dem zu träumen, was kommt, verbindet Vater und Kinder ungemein.

TIPP Mit anderen Vätern und Kindern zusammen fahren gibt Sicherheit und kann zusätzlich den Geldbeutel schonen – erkundigen Sie sich in Ihrer Selbsthilfegruppe, wer mitmachen möchte.

Probleme könnte es geben, wenn Sie mit dem Kind einen Aus-
landsurlaub beabsichtigen und die Mutter dem nicht zustimmt
oder die Reisedokumente nicht herausgibt, weil sie Angst hat, das
Kind könnte entführt werden oder Ähnliches. Rennen Sie auf keinen Fall mit dem Kopf durch die Wand, um ein solches Vorhaben
durchzusetzen! Sie schießen dabei mit Sicherheit ein Eigentor.

Wenn es eine Neue gibt

> Da sehe ich aber auch eine Gefahr: das Herausgehen
> aus einer Ehe wegen eines anderen Partners, einer der
> schlimmsten Fehler, die man aus meiner Sicht machen
> kann. Wenn man sich selbst nicht zutraut, die Zeit
> nach der Trennung allein zu bewältigen, hat man ein
> mindestens so großes Problem wie zuvor.
> RAINER

Ob Sie nun Ihre Ex-Frau wegen einer anderen verlassen haben,
ob Sie aus freien Stücken gegangen sind oder ob Sie gegangen
wurden: Irgendwann kann der Punkt kommen, an dem wieder
eine neue Frau am Horizont auftaucht. Problemlos ist das vielleicht noch in der Zeit, in der Sie sich in trauter Zweisamkeit
üben. Doch eines Tages stellt sich die Frage: »Wie sag ich's meinen
Kindern?«, oder auch: »Wie sage ich's ihr?«.

> Ich habe meinem Sohn meine neue Partnerin erst vor-
> gestellt, nachdem ich mir sicher war, dass die Partner-
> schaft Bestand haben kann. Bis dahin verbrachte ich die
> Wochenenden mit meinem Sohn alleine. Meine neue

Partnerin hatte dafür Verständnis. Später planten wir gemeinsame Unternehmungen, sodass sich Max an meine neue Partnerin gewöhnen konnte. Heute sind sie dicke Freunde, und Annett ist für Max bereits eine weitere Bezugsperson geworden, die er vermissen würde, wäre sie nicht mehr hier.

KLAUS

Ein guter Rat: Stellen Sie Ihren Kindern eine neue Partnerin erst dann vor, wenn Sie sich sicher sind, dass die Partnerschaft Bestand haben kann. Häufig wechselnde Freundinnen des Vaters verwirren die Kinder und schüren Verlustängste sowie Eifersuchtsgefühle. Planen Sie gemeinsame Unternehmungen, sodass sich Ihre Kinder und Ihre neue Partnerin aneinander gewöhnen können.

Ehe Sie Ihre neue Freundin und Ihre Kinder miteinander bekannt machen, sollten Sie mit ihr darüber reden, was sie in aller Regel zu erwarten hat:

▸ einen Partner, der immer auch Vater ist;
▸ Kinder, denen sie möglicherweise Freundin, wenn's dumm läuft, Konkurrentin, aber niemals Mutterersatz sein wird;
▸ eine Ex-Frau im Hintergrund, die, wenn's gut geht, Ruhe gibt, wenn nicht, immer mal wieder Stress macht;
▸ Wochenenden (mindestens jedes zweite) und Urlaube, in denen sie Sie mit Ihren Kindern ›teilen‹ muss;
▸ Konflikte, an denen sie, ob sie will oder nicht, teilhaben wird, da Sie immerfort und jahrelang mit Unterhalt, Umgang und mehr oder weniger vernarbten Wunden zu kämpfen haben werden. Und möglicherweise mit der Eifersucht der Kinder.

Kurz und gut: Ihre Neue sollte stabil und rücksichtsvoll sein und guten Willen haben.

Wenn Sie den Eindruck gewinnen, dass sie auf Ihre Kinder eifersüchtig ist oder einen zusätzlichen Keil in die sowieso schon problematische Vater-Kinder-Beziehung treiben könnte, kann ich Ihnen nur den guten, wenn auch hart klingenden Rat geben: Suchen Sie so schnell wie möglich das Weite! Sie haben schon genug am Hals. Noch einen weiteren Kriegsschauplatz in Form einer Partnerin, die kein Verständnis für Sie und Ihre Kinder hat – das mag sich einer antun, der zum Masochisten geboren ist. Für ›normale‹ Männer, Frauen und Kinder ist dieser Beziehungscocktail ungenießbar.

Und noch etwas: Wenn Sie sich verlieben, benutzen Sie Ihre neue Liebe nicht als Müllhalde für Ihre Emotionen. Wenn Sie sich auskotzen wollen, tun Sie dies in Ihrer Selbsthilfegruppe, bei Ihrem Therapeuten oder meinetwegen im Beichtstuhl. Aber missbrauchen Sie nicht Ihre neue Partnerin als Co-Therapeutin. Sie riskieren, dass von Ihrer Beziehungsebene ein paar wesentliche Bestandteile garantiert bald verschwunden sein werden: Spontaneität, Offenheit, Optimismus – und irgendwann die Liebe. Wer möchte schon Tag und Nacht den Jammerlappen geben? Und wer will endlos mit den Problemen dieses Jammerlappens konfrontiert werden? Ahnen Sie, was so ein Gefüge für die gegenseitige Libido bedeutet? Eben!

> Meine neue Lebensgefährtin hat mir bisher auch sehr geholfen. Oftmals hat sie als ›die Frau vom Jugendamt‹, ›der Richter‹, ›die Mutter‹ hergehalten, indem ich meinen Frust bei ihr ablassen durfte. Mit der Zeit mochte sie das allerdings nicht mehr über sich ergehen lassen, weshalb wir mit diesem Spielchen aufhörten.
> CHRISTIAN

Einer ersten Begegnung sehen vermutlich die meisten mit gemischten Gefühlen entgegen: Wie werden meine Kinder reagieren? Wie ihre Kinder (falls sie welche hat)? Wie sie auf meine? Und ich auf ihre?

> Man kann von einem Kind nicht erwarten, dass es sich die Sympathie von Erwachsenen erwerben möchte, die ihm bisher völlig fremd und unwichtig erscheinen. Es muss andersherum laufen. Der Erwachsene muss dem Kind zu erkennen geben, dass er es mag und zu ihm eine Beziehung aufbauen möchte, dann klappt es auch mit der Neuen.
>
> HEINZ

Wann ist der richtige Zeitpunkt, die Katze aus dem Sack zu lassen? Wenn Ihre Kinder nicht schon von sich aus gemerkt haben, dass da was im Busch ist, weil andauernd das Telefon geht oder immer dieselbe Frau vorbeikommt, sollten Sie sich einfach von Ihrem eigenen Gefühl leiten lassen und den richtigen Zeitpunkt für ein Gespräch nutzen. Lehnen Sie sich nicht zu weit aus dem Fenster. Es genügt (altersgerecht!) mitzuteilen, dass Sie jemanden kennengelernt haben, der sehr nett ist, den Sie sehr mögen und den Sie den Kindern gern vorstellen möchten.

Sind Ihre Kinder älter, können Sie ihnen Ihre eigenen Bedürfnisse und Wünsche nach einem Partner, nach Geborgenheit, nach Liebe erklären. Diese Offenheit gibt den Kindern das Gefühl, ernst genommen zu werden.

Wie die Neuigkeit bei Ihren Kindern aufgenommen wird, vermag ich nicht zu sagen. Die von mir befragten Väter hatten hier die unterschiedlichsten Erfahrungen – von »klappte problemlos« bis »totale Ablehnung«. Eine neue Partnerin wird von den einen als unerwünschter Eindringling angesehen, von den anderen als zusätzliche Bezugsperson begrüßt. Das hängt sicher auch davon ab, wie Sie und Ihre neue Partnerin sich verhalten.

Die kindliche Neugier lässt sich wecken, indem Sie immer mal wieder etwas von Ihrer Freundin erzählen (beobachten Sie die Reaktion der Kinder!), ihnen ein Bild zeigen oder ein erstes Treffen an neutralem Ort arrangieren (Spielplatz, Schwimmbad, miteinander essen gehen).

Manchmal kann es sogar sein, dass die Kinder die Neue erst einmal gar nicht kennenlernen wollen. Ein baldiges Treffen zu erzwingen wäre in so einem Fall töricht. Zunächst einmal ist es sinnvoll zu hinterfragen, warum Ihre Kinder Ihre Freundin nicht treffen wollen. Kann es sein, dass Ihre Ex-Frau hierbei eine Rolle spielt? Dass Ihre Kinder Ihren Wunsch aus Solidarität mit der Mutter boykottieren? Sprechen Sie mit Ihren Kindern darüber, nehmen Sie ihnen die Angst, dass Sie deswegen böse sein könnten. Machen Sie aber auch klar, dass Sie sich nicht von ihrer Haltung erpressen lassen und Sie Ihren Kinder zuliebe keineswegs bereit sind, sich wieder von Ihrer Freundin zu trennen. Auch kindlicher Wille darf hinterfragt werden!

In manchen Fällen sperren sich Kinder grundsätzlich und dauerhaft gegen die neue Beziehung des Vaters. Sie wollen ihn exklusiv. Verständlich, denn sie haben ihn ja auch selten genug. Wenn sich – aus der Sicht der Kinder – die neue Freundin in bestimmte Rituale drängt oder Sie beim gemeinsamen Spaziergang Händchen halten, kann das schon eifersüchtig machen.

▸ Suchen Sie ein einfühlsames Gespräch mit Ihrem Kind. Nehmen Sie es ernst.

▸ Sprechen Sie es unter vier Augen offen auf sein Verhalten an.

▸ Fragen Sie nach den Gründen für seine ablehnende oder nervende Reaktion und beschreiben Sie auch, wie es Ihnen dabei geht.

▸ Versuchen Sie herauszufinden, ob es wirklich bestimmte Eigenschaften an Ihrem Partner sind, die das Kind stören, oder ob sich hinter der Ablehnung Ängste und Eifersucht verbergen.

Kinder haben Angst, der neue Partner könnte sich an die Stelle der leiblichen Mutter drängen, sie dürften den Vater nun nicht mehr so lieb haben und so oft sehen wie bisher. Sagen Sie Ihrem Kind, dass Sie seine Ängste verstehen, aber dass sie absolut unbegründet sind. So merkt das Kind, dass Ihre neue Partnerin keine Konkurrenz darstellt, sondern vielleicht sogar eine Bereicherung sein wird!

Es wird vermutlich viele Gespräche brauchen, bis Sie Ihrem Kind deutlich gemacht haben, dass Sie als erwachsener Mensch auch einen erwachsenen Partner brauchen, um glücklich zu sein. Dieser Partner kann Ihnen jedoch keineswegs die Gefühle für Ihr Kind streitig machen oder gar schmälern. Streichen Sie die Vorteile Ihrer Freundin für die Kinder heraus, etwa, dass sie ausgezeichnet kochen kann, gut in Mathe ist oder genauso gern Monopoly spielt wie die Kids und Sie.

Gemeinsam wohnen – wie geht das?

Auch wenn Sie mit Ihrer neuen Freundin zusammenziehen sollten, müssen Sie in der gemeinsamen Wohnung unbedingt Platz
für Ihr Kind schaffen.

> Weniger die Tatsache, dass man wieder gemeinsam
> eine Wohnung bewohnt, war das Problem, als vielmehr,
> sich darüber zu verständigen, welchen Platz mein Sohn
> in der neuen Wohnung in Anspruch nehmen darf.
> Dass ich meinem Sohn ein Zimmer einrichten wollte,
> in dem er sich wie gewohnt zu Hause fühlen kann,
> konnte ich meiner neuen Partnerin nur schwer vermit-
> teln. Sie hielt es anfangs für übertriebenen Aufwand,
> das sonst sowieso leer stehende Zimmer wie ein
> Kinderzimmer einzurichten, wenn Max doch nur alle
> vier Wochen zu Besuch sei. Heute versteht sie, dass
> das richtig war. Max fühlt sich an den Wochenenden
> in diesem Zimmer wohl und gestaltet es zunehmend,
> hängt selbst gemalte Bilder auf und so weiter.
> KARL

Nur wenn Sie als Erwachsene begreifen, dass Kinder sich auch bei
Ihnen in ihrer Welt wohlfühlen müssen, haben Sie eine gemeinsame Zukunft!

> Die neue Partnerin muss auf alle Fälle sehr großes Ver-
> ständnis dafür aufbringen, dass es da neben ihr noch
> jemanden gibt, um den man sich intensiv kümmern
> muss. Und sie muss das Kind annehmen können.
> RALF

Ein Wort zum Schluss

Nun, dem ist eigentlich nur noch wenig hinzuzufügen: sich nicht erpressen lassen, klar bei sich bleiben, seine Interessen und Rechte kennen, sie konsequent, aber rücksichtsvoll vertreten und sich stets hinter die Kinder stellen – das gibt Ihnen und Ihren Kindern die Chance, im fortwährenden, von gegenseitiger Liebe und Respekt getragenen Kontakt zu bleiben. Wochenendvater – das ist dann, wie man mir oft geschrieben hat, von Vorteil, wenn man unter der Woche auch mal Zeit für sich selbst hat. Zeit, die es in der Ehe so vielleicht nicht gab. Nutzen Sie diese Zeit. Für sich selbst und für Ihre Kinder. Und vergessen Sie dabei nie, dass Sie, und zwar Ihr Leben lang, eines sind und bleiben: ein Elternteil.

Und noch etwas: Auch als Wochenendvater werden Sie eines Tages die Erfahrung machen, dass Ihre Kinder flügge werden. Dass der Besuch bei Ihnen einem Wochenende mit Kumpeln oder dem Rendezvous mit der ersten Freundin zum Opfer fällt. Dass die Zeit der gemeinsamen Urlaube zu Ende geht. Nun machen Sie die Erfahrung, die alle Eltern früher oder später machen. Sie müssen lernen loszulassen. Den einen gelingt das besser, den anderen schlechter. Denken Sie nur an Ihre eigene Abnabelungsphase!

Wenn Sie den Kontakt zu Ihren Kindern bis zu diesem Zeitpunkt behalten haben, wenn Sie sich noch als deren Vertrauter oder gar Freund fühlen – dann haben Sie Ihre Sache gar nicht so schlecht gemacht. Ich finde, mehr kann man von Eltern nicht erwarten. Ob es sich um Wochenendväter handelt oder nicht, spielt dabei eigentlich gar keine Rolle.

Eltern bleiben trotz Trennung: Dies funktioniert,
wenn beide mitmachen, es funktioniert nicht
so gut, wenn nur einer mitmacht, es funktioniert
überhaupt nicht, wenn beide so dämlich sind!
MANFRED

3 | RECHTLICHES

Das neue Kindschaftsrecht

Unter dem Begriff Kindschaftsrecht werden die Regelungen des Bürgerlichen Gesetzbuchs zusammengefasst, die das Kind und die Beziehungen zu seiner Familie betreffen. Hierzu gehören Abstammungsrecht, Sorge- und Umgangsrecht, Namens-, Adoptions- und Unterhaltsrecht sowie das damit zusammenhängende Recht des gerichtlichen Verfahrens. Mit der Reform zum 1. Juli 1998 hat sich hier einiges geändert.

Unser Thema berührt vor allem Sorge- und Umgangsrecht, auf die ich daher näher eingehe. Aber um Ihnen gleich die Illusion zu rauben: Auch die neuen Gesetze bringen keine paradiesischen Zustände. Das neue Kindschaftsrecht steht auf dem Papier – und das ist bekanntlich geduldig. Deutschland hat traditionell im internationalen Vergleich den Ruf eines kinderfeindlichen Landes – zu Recht, wie viele Kritiker meinen!

Sorge- und Umgangsrecht

Das Sorgerecht betrifft zwei Bereiche:

▸ die Person des Kindes mit körperlichen Bedürfnissen, Wohnung und Erziehung;
▸ das Vermögen, also die finanziellen Angelegenheiten.

Zum Thema Sorgerecht heißt es im Bürgerlichen Gesetzbuch, dass verheiratete Eltern gemeinsam Pflicht und Recht besitzen, für ihr Kind zu sorgen. Man nennt dies die elterliche Sorge.

§ 1626 BGB

(1) Die Eltern haben die Pflicht und das Recht, für das minderjährige Kind zu sorgen (elterliche Sorge). Die elterliche Sorge umfasst die Sorge für die Person des Kindes (Personensorge) und das Vermögen des Kindes (Vermögenssorge).

Seit der Reform des Sorgerechts können auch Eltern, die nicht miteinander verheiratet sind, sogenannte Sorgeerklärungen abgeben, das heißt, sie können erklären, die Sorge gemeinsam ausüben zu wollen. In diesem Fall steht ihnen die elterliche Sorge gemeinsam zu. Geben die Eltern keine Sorgeerklärungen ab und sind sie nicht miteinander verheiratet, so hat die Mutter die elterliche Sorge allein.

Wenn sich Eltern trennen, die gemeinsam Inhaber der Sorge sind, so besteht die gemeinsame Sorge fort, gleichgültig ob sie verheiratet sind oder nicht. Eine gerichtliche Prüfung und Entscheidung erfolgt – abgesehen von Fällen, in denen nach Ansicht des Gerichtes das Kindeswohl gefährdet ist – nur dann, wenn ein Elternteil einen Antrag auf Zuweisung der Alleinsorge stellt. Auch bei einer Scheidung wird also nur dann über die elterliche Sorge entschieden, wenn ein Elternteil dies beantragt. Andernfalls besteht die gemeinsame elterliche Sorge fort.

Eltern mit gemeinsamem Sorgerecht, die nicht getrennt leben, müssen versuchen, sich in allen die elterliche Sorge betreffenden Fragen zu einigen. Leben sie getrennt, so müssen sie das nur in den Fragen tun, deren Regelung für das Kind von erheblicher Bedeutung ist, etwa ob es ins Gymnasium gehen oder auf der

Hauptschule bleiben soll. Bei allen Entscheidungen in Angelegenheiten des täglichen Lebens – zum Beispiel welches Hobby ein Kind ausüben oder welche Kleidung es tragen soll – hat der Elternteil, bei dem das Kind lebt, ein Alleinentscheidungsrecht.

Wenn sich beide nicht einigen können, kann das Gericht die Entscheidungsbefugnis für diese Angelegenheit einem Elternteil übertragen. Gegebenenfalls überträgt das Gericht bei Dauerstreitigkeiten die Alleinsorge auch einem Elternteil, wenn der andere Elternteil zustimmt oder wenn zu erwarten ist, dass die Aufhebung der gemeinsamen Sorge und die Übertragung auf den Antragsteller dem Wohl des Kindes am besten entsprechen.

Eltern und Kinder – eine Beziehung fürs Leben

In einer intakten Familie üben Vater und Mutter automatisch das gemeinsame Sorgerecht aus. Wenn sich Eltern trennen, ändert sich zunächst gar nichts, wenn kein Antrag auf eine Änderung des Sorgerechts gestellt wird.

Auch wenn Sie sich von Ihrer Partnerin trennen: Eltern und Kinder behalten immer eine Bindung und Beziehung zueinander. Haben Sie einmal, egal wie, als Familie zusammengelebt, genießt diese gegenseitige Beziehung den besonderen Schutz des Familienlebens. Das ist sogar auf höchster Ebene festgehalten, und zwar in Artikel 8 der Europäischen Menschenrechtskonvention.

ARTIKEL 8
[Recht auf Achtung des Privat- und Familienlebens]
(1) Jedermann hat Anspruch auf Achtung seines Privat- und Familienlebens, seiner Wohnung und seines Briefverkehrs.

(2) Der Eingriff einer öffentlichen Behörde in die Ausübung dieses Rechts ist nur statthaft, insoweit dieser Eingriff gesetzlich vorgesehen ist und eine Maßnahme darstellt, die in einer demokratischen Gesellschaft für die nationale Sicherheit, die öffentliche Ruhe und Ordnung, das wirtschaftliche Wohl des Landes, die Verteidigung der Ordnung und zur Verhinderung von strafbaren Handlungen, zum Schutz der Gesundheit und der Moral oder zum Schutz der Rechte und Freiheiten anderer notwendig ist.

Der Erhalt beziehungsweise gegebenenfalls die Wiederherstellung der gewachsenen Bindung eines Kindes zu beiden Eltern und Verwandten ist für eine gesunde Entwicklung bedeutsam und gilt deshalb heute als ein wesentliches Kriterium für das ›Kindeswohl‹. Mehrere Oberlandesgerichts-Entscheidungen (z. B. OLG Celle 1993, OLG München 1996, OLG Frankfurt/Main 1998 und 2000, OLG Nürnberg 1998, OLG Köln 1998, Schleswig-Holsteinisches OLG 1999, OLG Bamberg 1999, OLG Hamm 2000, OLG Naumburg 2000, OLG Zweibrücken 2000, OLG Brandenburg 2000) machen zwei Punkte zu wesentlichen Kriterien für die Einschätzung der Erziehungsfähigkeit und Sorgerechtszuteilung:

▶ die Bindungstoleranz – also die Respektierung der gewachsenen Beziehungen und Bindungen des Kindes an beide Eltern – und

▶ die Bereitschaft, den Umgang zum anderen Elternteil aufrechtzuerhalten.

Diese Auffassung hat sich inzwischen durchgesetzt. So findet sich im BGB-Kommentar von Otto Palandt zu § 1671 der Hinweis: »Besonders geringen Schutz verdient die ertrotzte Kontinuität, wenn also der eine Elternteil über längere Zeit jeglichen Kontakt mit dem anderen Elternteil unterbunden hat.«

Und im Handbuch des Fachanwalts für Familienrecht ist zu lesen: »Es ist für die Entwicklung eines Kindes von entscheidender Bedeutung, dass es nach der Trennung seiner Eltern einen möglichst spannungsfreien Kontakt auch zu demjenigen Elternteil behält, der nicht personensorgeberechtigt ist. Das Verhalten des sorgeberechtigten Elternteils anlässlich des Umgangs des Kindes mit dem anderen Elternteil – sogenannte Bindungstoleranz – ist ebenfalls Kriterium für die Gesamtbeurteilung. Ein sorgeberechtigter Elternteil muss vorbehaltlos bereit sein, nicht nur den persönlichen Umgang des Kindes mit dem anderen Elternteil angst- und spannungsfrei für das Kind zuzulassen, sondern dieses Kind hierzu – wenn nötig – auch in einer pädagogisch geeigneten Form zu motivieren. Wer den anderen Elternteil durch gezielte Bemerkungen abwertet, dessen Post an das Kind zensiert, lässt in hohem Maß die erforderliche Bindungstoleranz vermissen; bei hasserfüllter Einstellung eines Elternteils gegen den anderen, die sich massiv auf das Verhältnis des Kindes zum anderen Elternteil auszuwirken droht, kann sogar die Erziehungseignung infrage gestellt sein. In derartigen Fällen kann das Sorgerecht einem Elternteil übertragen werden, der ansonsten ungünstigere Rahmenbedingungen aufzuweisen hat, wenn dadurch gewährleistet erscheint, dass das Kind die Bindungen zum anderen Elternteil bewahren und fortentwickeln kann, während andererseits auch einem Elternteil das Sorgerecht entzogen werden kann, wenn ungeachtet sonst günstiger Umstände das Kindeswohl dadurch Schaden nimmt, dass er die natürlichen Bindungen des Kindes zum anderen Elternteil behindert oder sogar zu zerstören droht. Diese Grundsätze gelten auch bei Verletzung der Bindungstoleranz durch die Eltern eines Elternteils.«

Obwohl eine vernünftige Gesetzesvorlage existiert,
sind wir Väter trotz des neuen Kindschaftsrechts
in einer rechtlichen Zwangslage, denn das einzige
Mittel, um vielleicht doch noch zu einem Kontakt mit
dem Kinde zu kommen, kann in blindem Aktionismus münden, was, ausgelöst durch nicht kontrollierte
Emotionen, sicherlich nicht zum Wohle des Kindes
und zur menschlichen Bewertung des Vaters in seiner
neuen gesellschaftlichen Rolle führt.
RALF

Gemeinsame elterliche Sorge

Bis zur Reform war im Bürgerlichen Gesetzbuch eine gemeinsame Sorge nur für verheiratete Eltern vorgesehen. Ihr Fortbestand wurde im Rahmen eines Scheidungsverfahrens einer zwingenden gerichtlichen Prüfung unterworfen. Allerdings hat das Bundesverfassungsgericht schon 1982 entschieden, dass es im Falle einer Scheidung »keiner Schlichtung widerstreitender Interessen der Eltern durch den Staat« bedürfe, wenn

▸ beide Eltern gewillt sind, die gemeinsame Verantwortung für ihr Kind nach der Ehescheidung weiter zu tragen,
▸ beide Eltern voll erziehungsfähig sind und wenn

155

▶ keine Gründe vorliegen, die im Interesse des Kindeswohls die Übertragung der Sorge auf einen Elternteil angezeigt erscheinen lassen.

Aufgrund der neuen gesetzlichen Lage können Eltern das gemeinsame Sorgerecht für ihr Kind nun auch nach der Scheidung leichter ausüben. Und das Gesetz scheint langsam, aber sicher zu greifen: Ich hatte ja bereits zu Beginn des Buches die Studie von Professor Roland Proksch erwähnt, wonach in etwa 63 Prozent der Fälle heute die gemeinsame Sorge beibehalten wird, in etwa 30 Prozent der Fälle der Mutter das alleinige Sorgerecht zugesprochen wird und in rund drei Prozent dem Vater.

Nicht eheliche Kinder

Wie sieht es nun von Gesetzes wegen bei Vätern nicht ehelicher Kinder aus? Vor der Reform konnten sie die elterliche Sorge nur auf dem Wege einer sogenannten Ehelicherklärung erlangen. Dadurch verlor aber wiederum die Mutter die Sorge. Gemeinsame Sorge konnten die Eltern eines nicht ehelichen Kindes nicht erlangen. Die Ehelicherklärung wurde durch die Reform abgeschafft.

Im Rahmen der Reform des Kindschaftsrechts wurden für die gemeinsame Sorge stattdessen folgende gesetzliche Grundlagen geschaffen:

▶ Die gemeinsame Sorge nicht miteinander verheirateter Eltern wird davon abhängig gemacht, ob die Eltern entsprechende Erklärungen (sogenannte Sorgeerklärungen) abgeben.

§ 1626a BGB

(1) Sind die Eltern bei der Geburt des Kindes nicht miteinander verheiratet, so steht ihnen die elterliche Sorge dann gemeinsam zu, wenn sie

   1. erklären, dass sie die Sorge gemeinsam übernehmen wollen (Sorgeerklärungen), oder

   2. einander heiraten; dies gilt auch, wenn die Ehe später für nichtig erklärt wird.

(2) Im Übrigen hat die Mutter die elterliche Sorge.

Diese Regelung geht von folgender Überlegung aus: Die gemeinsame Sorge soll nicht gegen den Willen eines Elternteils – insbesondere der Mutter – durchgesetzt werden. Viele nicht eheliche Kinder werden unter problematischen Bedingungen geboren. Eine gemeinsame Sorge gegen den Willen eines Elternteils könnte die Gefahr in sich bergen, dass von vornherein Konflikte verstärkt auf dem Rücken des Kindes ausgetragen werden. Diese Auffassung ist jedoch nicht unumstritten und es ist anzunehmen, dass sich hier in absehbarer Zeit gesetzlich noch einiges tun wird.

Nicht abhängig gemacht wird die gemeinsame Sorge vom Zusammenleben der Eltern. Sonst würden z. B. Eltern benachteiligt, die noch keine gemeinsame familiengerechte Wohnung gefunden haben.

Die gemeinsame Sorge hängt auch nicht von einer vorherigen Prüfung durch das Familiengericht ab. Man will damit Misstrauen gegen Mütter vermeiden, die ihre elterliche Verantwortung mit dem Vater teilen wollen. Außerdem würde eine solche Prüfung neue rechtliche Unterschiede zwischen ehelichen und nicht ehelichen Kindern schaffen, da miteinander verheiratete Eltern die gemeinsame Sorge ohne gerichtliche Prüfung erhalten.

Einen Wechsel der alleinigen Sorge zum Vater gegen den mütterlichen Willen gibt es nicht. Die Ausnahme ist der Entzug der mütterlichen Sorge wegen einer Gefährdung des Kindeswohls. Sind sich beide Eltern darüber einig, dass der Vater künftig alleiniger Inhaber der Sorge sein soll, so hängt ein solcher Wechsel von einer gerichtlichen Kindeswohlprüfung ab.

Zum Thema ›Kindeswohl‹ hier nun das folgende Urteil des Oberlandesgerichts Frankfurt vom 22.5.1996 (AZ 20 W 7/96):

Notwendige Anhörung von Kleinkindern in vormundschaftsgerichtlichen Verfahren über Maßnahmen zur Abwendung von Gefahren für das Kindeswohl:

1. Auch Kleinkinder ab einem Alter von etwa drei Jahren sind in Personensorgeangelegenheiten gem. FGG (Gesetz über die Angelegenheiten der Freiwilligen Gerichtsbarkeit) § 50b Abs. 1 persönlich anzuhören, wenn dem keine schwer wiegenden Gründe entgegenstehen.

2. Gerade im Verfahren nach BGB § 1666 kann es zur Sachverhaltsaufklärung beitragen und die Entscheidung beeinflussen, wenn sich der Vormundschaftsrichter von den betroffenen Kindern, ihren Neigungen, Bindungen oder ihrem Willen einen persönlichen Eindruck verschafft, auch wenn Kinder in diesem Alter sich noch nicht artikulieren können. Diese Anhörung erfordert allerdings auch die Anwesenheit der Mutter.

3. Eine unterlassene Anhörung führt regelmäßig zur Aufhebung und Zurückverweisung der Sache durch das Beschwerdegericht.

Ebenso kann jetzt in Fällen, in denen

▸ die allein sorgeberechtigte Mutter stirbt,
▸ ihr die Sorge entzogen wird oder
▸ ihre Sorge ruht,

der Vater nach gerichtlicher Kindeswohlprüfung das Sorgerecht bekommen.

Hatten aufgrund von Sorgeerklärungen die Eltern gemeinsame Sorge, so steht in den genannten Fällen – anders als früher – die Alleinsorge von Gesetzes wegen dem anderen Elternteil zu.

Beendigung der gemeinsamen Sorge

Vor der Reform wurde der Fortbestand der gemeinsamen Sorge, die nur von Eheleuten ausgeübt werden konnte, im Rahmen eines Scheidungsverfahrens einer zwingenden gerichtlichen Prüfung unterzogen. Das Gericht traf die Regelung, die dem Kindeswohl am besten entsprechen sollte. Dies konnte auch der Fortbestand der gemeinsamen Sorge sein, sofern sich die Eltern hierüber geeinigt hatten. Lebten sie dauerhaft getrennt, ohne sich scheiden zu lassen, so entschied das Gericht nur auf Antrag eines Elternteils über die elterliche Sorge.

Das neue Recht regelt auch Fälle, in denen die gemeinsame Sorge bei Eltern, die nicht miteinander verheiratet sind, beendet werden soll und ein Elternteil die Alleinsorge erhält. Wie bei ehelichen Kindern kommt es nur noch dann zu einer gerichtlichen Entscheidung über die elterliche Sorge, wenn ein Elternteil einen Antrag auf Zuweisung der Alleinsorge stellt oder wenn wegen Gefahr für das Kindeswohl eine Sorgeregelung erforderlich ist.

§ 1671 BGB

(1) Leben Eltern, denen die elterliche Sorge gemeinsam zusteht, nicht nur vorübergehend getrennt, so kann jeder Elternteil beantragen, dass ihm das Familiengericht die elterliche Sorge oder einen Teil der elterlichen Sorge allein überträgt.

(2) Dem Antrag ist stattzugeben, soweit

    1. der andere Elternteil zustimmt, es sei denn, dass das Kind das vierzehnte Lebensjahr vollendet hat und der Übertragung widerspricht, oder

    2. zu erwarten ist, dass die Aufhebung der gemeinsamen Sorge und die Übertragung auf den Antragsteller dem Wohl des Kindes am besten entsprechen.

(3) Dem Antrag ist nicht stattzugeben, soweit die elterliche Sorge aufgrund anderer Vorschriften abweichend geregelt werden muss.

Die gemeinsame Sorge – darin sind sich alle Parteien einig – wirkt sich in vielen Fällen segensreich aus, weil nicht im gleichen Maße wie bei der Alleinsorge die Gefahr besteht, dass das Kind dem nicht betreuenden Elternteil – meist dem Vater – entfremdet wird. Deshalb, so der Gesetzgeber, sei es erstrebenswert, wenn Eltern auch nach einer Trennung und Scheidung die elterliche Sorge – jedenfalls soweit es sich um grundsätzliche Fragen handelt – gemeinsam wahrnehmen, notfalls mit beraterischer Unterstützung.

Interessant ist in diesem Zusammenhang ein Urteil des Amtsgerichtes Groß-Gerau vom 26.8.1993 (AZ 71 F 379/93):

Gemeinsame elterliche Sorge nach Scheidung trotz Widerspruch eines Elternteils: Der Belassung der gemeinsamen elterlichen Sorge bei beiden Elternteilen nach Scheidung steht es nicht entgegen, dass ein Elternteil (hier: die Mutter) einwendet, die gemeinsame elterliche Sorge mit dem anderen Elternteil sei deshalb nicht möglich, weil sich mit ihm kein sachliches Gespräch führen lasse, wenn sich der Vorwurf deshalb als unzutreffend darstellt, weil der Elternteil (Vater), der für die gemeinsame elterliche Sorge plädiert, sich engagiert und (insbesondere hinsichtlich der Regelung des Aufenthalts des Kindes und des Kindesunterhalts) variabel zeigt und sich in wesentlichen, das Kindeswohl betreffenden Punkten zu einem sachlichen Gespräch fähig erweist.

Die Zeitschrift ›Neue Justiz‹ kommentierte die lobenswerte Entscheidung aus Groß-Gerau mit den Worten: »Der nicht nachvollziehbare Vorwurf, ein sachliches Gespräch über Angelegenheiten des Kindes lasse sich mit dem anderen Elternteil nicht führen, rechtfertigt nicht, ihn von der gemeinsamen Sorge auszuschließen.«

Alleinige elterliche Sorge

Die Rechtsform der alleinigen elterlichen Sorge ist nach Meinung vieler Kritiker geeignet, Eltern zu suggerieren, sie könnten die vor ihnen liegenden Probleme durch Ausweichen statt durch Begegnung lösen. In vielen Fällen sind es Tendenzen, den anderen Elternteil aus der Elternverantwortung auszugrenzen, die zum Antrag auf Übertragung der alleinigen elterlichen Sorge führen.

Wenn Väter oder Mütter diese Rechtsform beantragen, dann tun sie es oft deshalb,

▶ weil sie mit dem anderen Elternteil nichts mehr zu tun haben wollen,

▶ weil sie sich mit ihm nicht mehr auseinandersetzen und deshalb ohne ihn entscheiden wollen,

▶ weil sie vermeiden wollen, dass sich der andere Elternteil ins eigene Leben und damit in das des Kindes einmischen kann,

▶ weil sie glauben, nur so verhindern zu können, dass der andere Elternteil das Kind in der Auseinandersetzung zum Spielball seiner Interessen macht.

All das sind Elterninteressen und haben mit den Interessen des Kindes wenig zu tun. Sie resultieren in der Regel aus dem Bedürfnis eines Elternteils nach Abstand und Abgrenzung vom früheren Partner, spielen sich also auf der Paarebene ab, die auf die Elternebene ausgedehnt wird. Eltern, die so denken und empfinden, weigern sich, die Bedürfnisse des Kindes nach einem sich einmischenden zweiten Elternteil wahrzunehmen.

Häufig liegt dabei auch ein weit verbreitetes Missverständnis vor: Wer glaubt, die alleinige elterliche Sorge stelle geringere Anforderungen an einen Elternteil, der irrt gewaltig! Denn wenn eine Alleinsorge funktionieren soll, muss der sorgeberechtigte Elternteil im Sinne des Kindeswohls in der Lage sein, Paar- und Elternebene klar voneinander zu trennen. Und das kann so eigentlich nicht klappen.

Denn in der Praxis bedeutet das, dass es im Ermessen des Sorgeberechtigten liegt, inwieweit er den anderen Elternteil bei den Entscheidungen, die das Kind betreffen, mit einbezieht und wie viel Raum er dem anderen für dessen Elternschaft lässt. Dazu gehören zum Beispiel die Teilnahme an wichtigen Ereignissen und der Zugang zu wichtigen Informationen. Um Fragen also, die letztlich über die Beziehungsqualität zwischen Kind und anderem Elternteil entscheiden. Wird dieses Ermessen von Gefühlen wie Wut, Hass, Gleichgültigkeit und Verletzungen geprägt, sieht es für den anderen, also meist den Wochenendvater, schlecht aus.

Denn die Eltern stehen sich als ungleiche Partner gegenüber. Die Verhandlungen zwischen ihnen sind immer dann zum Scheitern verurteilt, wenn der sorgeberechtigte Elternteil die durch das Gericht erhaltene Macht gegen den anderen ausspielt. Da kommt es dann zu Aussagen wie »Du hast kein Recht, mit zu entscheiden«, »Das zu bestimmen ist allein meine Sache«, »In welchen Gymnasialzweig das Kind geht, in welchen Verein ich es stecke, geht dich gar nichts an« und so weiter.

So führt die alleinige elterliche Sorge im Dialog zwischen den Eltern oft in eine Sackgasse: Sie hören auf, miteinander zu reden. Der nicht sorgeberechtigte Elternteil zieht sich in seiner Ohnmacht immer mehr zurück. Und irgendwann ist der Kontakt abgebrochen.

An dieser Stelle eine entscheidende psychologische Erkenntnis: Kinder sind gleich doppelt von diesem Teufelskreis betroffen. Ein Elternteil ist gegangen und wird ausgesperrt, der andere hat aufgrund der Doppelbelastung noch weniger Zeit als vorher. Anneke Napp-Peters hat in ihrer Studie herausgefunden, was nicht weiter verwundert: Der Anteil der Kinder, die ihre Rest-Familie relativ früh verlassen und den Kontakt zu ihr ganz abbrechen, ist vergleichsweise hoch. Ebenso die Anzahl derjenigen, die zu absoluten Nesthockern werden – Kinder, die überhaupt nicht aus dem Haus gehen, weil die zu enge Bindung an den verbliebenen Elternteil die Entwicklung hin zur Selbstständigkeit verhindert.

Nach einer wissenschaftlichen Untersuchung beträgt der prozentuale Anteil von Vätern, die mehr Kontakt zu ihren Kindern wünschen, 40 Prozent. Umgekehrt wollen vier von fünf getrennt lebenden Müttern nicht (!), dass ihr Ex-Mann stärker an der Elternverantwortung beteiligt wird – ziemlich exakt der Prozentsatz der Eltern, die das alleinige Sorgerecht besitzen. Fragt man hingegen die Kinder, wünschen sich mehr als die Hälfte, mehr mit dem zweiten Elternteil zusammen sein zu können.

> Mir ist deutlich geworden, dass meine Vaterrolle beendet ist. Ich habe den Status des Onkels. Ein Onkel kommt mal zu Besuch oder man besucht ihn. Wenn es ein guter Onkel ist, hat er ein Geschenk mitgebracht. Und wenn es der Onkel aus Amerika ist, war es ein großes Geschenk. (Hier zurzeit: Saxophon, Pferd, Kickboard oder Klavier). Dies geht mir total gegen den Strich. Da ich aber nun mal – wenn überhaupt – nur sehr sporadisch mit meinem Kind zusammen sein kann, nicht mehr wie früher als Vater fast ständig, muss ich nach einer neuen Rolle suchen: Ich versuche es als Freund: verlässlich, ansprechbar, wenn gewünscht.
> PETER

Der Anteil der ›Familien‹, die versuchen, den anderen Elternteil auch weiterhin am Leben der Kinder teilhaben zu lassen, indem die Ex-Partner ihre Elternbeziehung nach der Scheidung aufrechterhalten, beträgt diversen Erhebungen zufolge lediglich 20 Prozent. In den restlichen Familien entspricht die Rolle des anderen Elternteils eher der eines Besuchers, den man weder an den elterlichen Aktivitäten beteiligt noch sich mit ihm über die Belange des gemeinsamen Kindes austauscht. Oder der Kontakt – siehe PAS – erlischt ganz.

Wo will Ihr Kind leben?

Um die enorme Belastung der Kinder nicht noch zu steigern, ist es dringend notwendig, dass Eltern mit bestem Wissen und Gewissen versuchen, ihre eigenen Machtkämpfe, Kränkungen und Verletzungen von den Kindern so gut wie möglich fernzuhalten. Es geht um die Lebens- und Entwicklungschancen Ihres Kindes! Sie sind dafür verantwortlich, eine Regelung zu finden, die hauptsächlich im Interesse Ihres Kindes liegt, auch wenn sie für Sie zum Nachteil wird.

Das Kind sollte also auch in die Überlegungen zum Sorgerecht mit einbezogen werden. Wenn Sie sich mit Ihrer Ex-Partnerin geeinigt haben, dann sollten Sie dies mit dem Kind besprechen und die Gründe darlegen, weshalb Sie sich so entschieden haben. Es stellt für ein Kind eine große Entlastung dar, wenn sich Eltern auf ein gemeinsames Sorgerecht einigen können. Dabei bleibt natürlich unbedingt zu klären, wo das Kind wohnen wird und wer es hauptsächlich betreut. Auch dabei sollen die Wünsche des Kindes berücksichtigt werden. Keine leichte Aufgabe. Denn, wie gesagt, Kinder sind leicht manipulierbar – und gerade in einer Trennungssituation oft damit überfordert, ihre wirklichen Wünsche zu äußern. Was aber spricht zum Beispiel dagegen, dass Eltern sich die Betreuung teilen? Oft ist dies sicher machbar. Hier ist die Fantasie – vor allem auch des Vaters – gefragt. Jetzt wird er auf die Probe gestellt, ob er bereit ist, um der Kinder willen sein Leben umzustellen. (Dazu mehr im praktischen Teil.)

Es ist für ein Kind, dessen Eltern sich scheiden lassen, von enormer Bedeutung, dass es, wenn möglich, in seinem bisherigen Umfeld bleiben kann, dass es also weder Wohnung noch Schule wechseln muss, seine Freunde behalten kann oder weiter in seinen Sportverein gehen kann. Kinder brauchen jetzt besonders viel Stabilität und Sicherheit. Sie sind viel weniger sprunghaft, als Eltern glauben. Kinder, deren Eltern sich trennen, brauchen einen besonders sicheren Boden.

Keine Trennung von Geschwistern

Manche Eltern versuchen, das Problem des Sorgerechts durch eine Aufteilung der Geschwister zu lösen. Der Vater kriegt den Ältesten, die Mutter die beiden Jüngeren. Dies ist aus dem Blickwinkel der Eltern durchaus verständlich. Vater und Mutter lieben ihre Kinder, der wegziehende Elternteil möchte nach dem Partnerverlust nicht auch noch seine Kinder verlieren. Es ist ein großer Unterschied, ob man mit seinen Kindern zusammenlebt oder ob die Elternschaft auf Wochenende und Ferienzeiten begrenzt wird. Auch wenn Eltern sich einig sind, hat dieser Kompromiss vor Gericht jedoch in der Regel kaum eine Chance auf Zustimmung.

Wie Untersuchungen ergeben haben, ist das Zusammenbleiben der Geschwister für die kindliche Entwicklung von großem Vorteil. In Trennungs- und Scheidungsfamilien rücken Geschwister meist enger zusammen und geben sich gegenseitig Halt und Stütze. Dies geschieht häufig durch Gesten gegenseitiger Fürsorge, aber auch durch den Abbau vorher vorhandener Rivalitäten. Der Zusammenhalt in der Umbruchsituation ist enorm wichtig.

Eine Geschwistertrennung sollte nur in Ausnahmefällen in Erwägung gezogen werden. Vorrangig ist dabei der Wunsch der Kinder. Der muss jedoch sehr gut überdacht und abgewogen werden. Teilweise sind Kinder in Trennungssituationen nicht in der Lage, ihre wirklichen Wünsche zu äußern, da sie sich in einem Zustand der Orientierungslosigkeit befinden. Zusätzlich versuchen manche Eltern, auf Kinder manipulierend einzuwirken, um auf diese Weise zu erreichen, dass sich die Kinder auf ihre Seite schlagen (s. PAS S. 58).

Zustimmen kann der Richter einer Geschwisteraufteilung auch dann, wenn dadurch die Überlastung eines Elternteils vermieden werden kann. Dies ist aber meist erst bei drei oder mehr Kindern der Fall. Möglich ist ein Geschwistersplitting auch, wenn die Kinder untereinander kaum gefühlsmäßige Bindungen aufgebaut haben – etwa durch einen zu großen Altersunterschied.

Werden die Geschwister getrennt, so sollten sie den Kontakt zueinander nicht abreißen lassen. Die Eltern sollten ihnen gegenseitige Besuche oder auch gemeinsame Ferienaufenthalte ermöglichen.

Sorgerecht – keine Regel für immer

TIPP Eine bei der Scheidung getroffene Sorgerechtsregelung ist nicht unwiderruflich. Das Familiengericht kann seine Anordnung jederzeit ändern, wenn dies im Interesse des Kindes erforderlich ist. Eine Neuregelung kann auch bei geänderten Lebensumständen eines Partners nötig werden, etwa bei Heirat eines Elternteils oder bei einem Berufswechsel. Beides könnte die Betreuung für die Kinder gegenüber der vorigen Situation verbessern oder verschlechtern; das Sorgerecht kann damit neu verhandelt werden.

Umgangsrecht und Umgangspflicht

Das Umgangsrecht dient dazu, den Kontakt des Kindes zu den Personen, die ihm besonders nahestehen, aufrechtzuerhalten, zu pflegen und zu fördern. Dem Kind sollen auch nach der Trennung und Scheidung der Eltern die gewachsenen familiären Beziehungen so weit wie möglich erhalten bleiben. Der Umgang des Kindes mit beiden Elternteilen dient in der Regel dem Wohl des Kindes und ist von besonderer Bedeutung für seine Entwicklung. Der Umgang kann in der Form von Besuchen, durch Briefe oder durch Telefonate stattfinden.

Neben dem Recht des Kindes auf Umgang mit seinen Eltern gibt es vom Gesetz her auch eine Pflicht der Eltern zum Umgang mit ihrem Kind.

§ 1684 BGB

(1) Das Kind hat das Recht auf Umgang mit jedem Elternteil; jeder Elternteil ist zum Umgang mit dem Kind verpflichtet und berechtigt.

Diese Umgangspflicht soll Eltern darauf hinweisen, dass der Umgang mit ihnen – auch und gerade wenn das Kind nicht bei ihnen lebt – für die Entwicklung und das Wohl des Kindes eine herausragende Bedeutung hat.

§ 1626 BGB

(3) Zum Wohl des Kindes gehört in der Regel der Umgang mit beiden Elternteilen. Gleiches gilt für den Umgang mit anderen Personen, zu denen das Kind Bindungen besitzt, wenn deren Aufrechterhaltung für seine Entwicklung förderlich ist.

Dem einheitlichen Umgangsrecht zufolge hat auch der Vater, der nicht mit der Mutter verheiratet war, ein Recht auf Umgang mit dem Kind. Dieses Recht kann vom Familiengericht näher geregelt werden. Seine Ausgestaltung hängt – anders als vor der Reform – nicht mehr in erster Linie vom Willen der Mutter ab.

Allerdings räumt das Umgangsrecht dem nicht sorgeberechtigten Elternteil keine Mitsprachemöglichkeit bei Erziehung und Pflege der Kinder ein. Der umgangsberechtigte Elternteil kann zwar Ratschläge geben, darf aber nicht in die erzieherische Arbeit des Sorgeberechtigten eingreifen. Als Vater müssen Sie zum Beispiel akzeptieren, dass Ihre Ex-Frau für die Kinder ein anderes Ausbildungsmodell wählt, als dies noch zu Zeiten der Ehe geplant war. Auch haben Sie, wenn die Mutter nicht will, kaum eine Chance, im Kindergarten, in der Schule oder beim Kinderarzt eine Auskunft zu bekommen.

> Vor dem Arzt oder Lehrer seines Kindes zu stehen und mit Hinweis auf die Schweigepflicht abgewimmelt zu werden kann verflixt wehtun …
> JÜRGEN

Dauer und Häufigkeit der Besuche

> Es ist eher ein Trost, ein schwacher zwar, aber es sind für mich und meinen Sohn immer auch sehr gefühlsbetonte Stunden, die wir beide genießen. Am ersten Tag versuchen wir, uns aufeinander einzustellen, am zweiten Tag merke ich immer, wie mein Sohn auch nach der körperlichen Nähe sucht, die man in der

Zeit vor der Trennung täglich hatte. Wir leben dann ein Ritual aus, das uns sehr stark emotional verbindet. Wir reiben unsere Nasen aneinander, lachen und scherzen miteinander, ein Ringkampf wird veranstaltet.

RALF

Auf das Thema ›Besuche‹ komme ich im nächsten, die Alltagspraxis betreffenden Kapitel noch einmal ausführlich zu sprechen. Vorab so viel: Besser als seltene, lange Besuche sind kürzere und häufigere Treffen. Die Faustregel lautet: Je jünger das Kind, desto häufiger die Besuche. Als Vater erhalten Sie so einen besseren Einblick in seinen Alltag. Sind die Kinder älter, sollten sie über die Dauer des Aufenthalts mitbestimmen dürfen. Vorher sollte man auf jeden Fall die Wünsche der Kinder (ausdrücklich geäußerte und auch durch Verhalten gezeigte) berücksichtigen und bedenken. Auch hier ist es am besten, wenn die Eltern sich darüber austauschen. Wichtig sind in jedem Fall die Bedürfnisse der Kinder.

§ 52a FGG
(Gerichtliche Vermittlung in Umgangsverfahren)

(1) Macht ein Elternteil geltend, dass der andere Elternteil die Durchführung einer gerichtlichen Verfügung über den Umgang mit dem gemeinschaftlichen Kind vereitelt oder erschwert, so vermittelt das Familiengericht auf Antrag eines Elternteils zwischen den Eltern. Das Gericht kann die Vermittlung ablehnen, wenn bereits ein Vermittlungsverfahren oder eine anschließende Beratung erfolglos geblieben ist.

(2) Das Gericht hat die Eltern alsbald zu einem Vermittlungstermin zu laden. Zu diesem Termin soll das Gericht das persönliche Erscheinen der Eltern anordnen. In der Ladung weist

das Gericht auf die möglichen Rechtsfolgen eines erfolglosen Vermittlungsverfahrens nach Absatz 5 hin. In geeigneten Fällen bittet das Gericht das Jugendamt um Teilnahme an diesem Termin.

(3) In dem Termin erörtert das Gericht mit den Eltern, welche Folgen das Unterbleiben des Umgangs für das Wohl des Kindes haben kann. Es weist auf die Rechtsfolgen hin, die sich aus einer Vereitelung oder Erschwerung des Umgangs ergeben können, insbesondere auf die Möglichkeit der Durchsetzung mit Zwangsmitteln nach § 33 oder der Einschränkung oder des Entzugs der Sorge unter den Voraussetzungen der §§ 1666, 1671 und 1696 des Bürgerlichen Gesetzbuchs. Es weist die Eltern auf die bestehenden Möglichkeiten der Beratung durch die Beratungsstellen und -dienste der Träger der Jugendhilfe hin.

(4) Das Gericht soll darauf hinwirken, dass die Eltern Einvernehmen über die Ausübung des Umgangs erzielen. Das Ergebnis der Vermittlung ist im Protokoll festzuhalten. Sofern die Eltern Einvernehmen über eine von der gerichtlichen Verfügung abweichende Regelung des Umgangs erzielen und diese dem Wohl des Kindes nicht widerspricht, ist die Umgangsregelung als Vergleich zu protokollieren; dieser tritt an die Stelle der bisherigen gerichtlichen Verfügung. Wird ein Einvernehmen nicht erzielt, sind die Streitpunkte im Protokoll festzuhalten.

(5) Wird weder eine einvernehmliche Regelung des Umgangs noch Einvernehmen über eine nachfolgende Inanspruchnahme außergerichtlicher Beratung erreicht oder erscheint mindestens ein Elternteil in dem Vermittlungstermin nicht, so stellt das Gericht durch nicht anfechtbaren Beschluss fest,

dass das Vermittlungsverfahren erfolglos geblieben ist. In diesem Fall prüft das Gericht, ob Zwangsmittel ergriffen, Änderungen der Umgangsregelung vorgenommen oder Maßnahmen in Bezug auf die Sorge ergriffen werden sollen …

Können Sie sich über die Gestaltung des Umgangs nicht einigen, so sollte das Familiengericht schlichten, wie es in § 52 FGG (Gesetz über die Angelegenheiten der Freiwilligen Gerichtsbarkeit) festgelegt ist. Meist trifft das Gericht eine Regelung. Wie die aussieht, hängt von vielen Faktoren ab. Die Entscheidungen reichen von einer 14-tägigen bis hin zu einer 50:50-Regelung. Leider gibt es hierüber überhaupt keine Zahlen. Wenn die Eltern zusammengelebt haben, wird es in der Regel eine 14-Tage-Regelung mit mindestens einer, eher mit zwei Übernachtungen geben. Falls Sie Ihr Kind lediglich alle 14 Tage für wenige Stunden zugesprochen bekommen, sollten Sie sofort in die Beschwerde gehen. Eine solche Regelung wird gelegentlich auch getroffen, wenn ein begleiteter Umgang notwendig wird.

Je jünger das Kind, desto häufiger sollte der Kontakt zum Vater sein. Anzustreben ist als Faustregel: alle zwei Wochen Freitag nach der Schule bis Montag zur Schule, ein Tag in der Woche nach der Schule bis morgens zur Schule, Ferien mindestens hälftig, eher zu zwei Dritteln.

Wohnt der ehemalige Ehepartner in einiger Entfernung oder sogar im Ausland, so wird ein etwa zweiwöchiger Aufenthalt pro Jahr als ausreichend erachtet, eventuell kommen für diesen Fall auch viermal im Jahr zwei- bis dreitägige Besuche in Betracht. Diese Regelungen sind, im Gegensatz zu individuellen Absprachen, oft nicht besonders flexibel. Hält sich ein Elternteil jedoch nicht an die richterliche Regelung, muss er damit rechnen, mit einem Zwangsgeld belegt zu werden. Auch hierzu im nächsten Kapitel mehr.

Mit Beschluss vom 16.7.1996 (AZ 8 F 0413/96) drohte das Amtsgericht Zwickau einer Mutter Zwangsgeld beziehungsweise Zwangshaft wegen Umgangsboykott an. Sie war laut Urteil desselben Amtsgerichtes (AZ 8 F 0559/94, Ziffer 3) verpflichtet worden, das gemeinsame Kind für eine Woche Urlaub an den Vater herauszugeben. Für den Fall des vorsätzlichen oder fahrlässigen Verstoßes gegen dieses Urteil wurde ihr nun per Beschluss vom Gericht ein Zwangsgeld bis zu 15 000 DM beziehungsweise Zwangshaft von sechs Monaten angedroht.

Entscheidungen wie diese sind eigentlich öfter notwendig – denn alleine die Androhung entsprechender Schritte wirkt meist Wunder. Sie werden aber meist nur angedroht und nur höchst selten festgesetzt.

Einschränkungen des Umgangsrechts

§ 1684 Abs. 2 bis 4 BGB

(2) Die Eltern haben alles zu unterlassen, was das Verhältnis des Kindes zum jeweils anderen Elternteil beeinträchtigt oder die Erziehung erschwert. Entsprechendes gilt, wenn sich das Kind in der Obhut einer anderen Person befindet.

(3) Das Familiengericht kann über den Umfang des Umgangsrechts entscheiden und seine Ausübung, auch gegenüber Dritten, näher regeln. Es kann die Beteiligten durch Anordnungen zur Erfüllung der in Absatz 2 geregelten Pflicht anhalten.

(4) Das Familiengericht kann das Umgangsrecht oder den Vollzug früherer Entscheidungen über das Umgangsrecht einschränken oder ausschließen, soweit dies zum Wohl des Kindes erforderlich ist. Eine Entscheidung, die das Umgangsrecht oder seinen Vollzug für längere Zeit oder auf Dauer einschränkt oder ausschließt, kann nur ergehen, wenn andernfalls das Wohl des Kindes gefährdet wäre. Das Familiengericht kann insbesondere anordnen, dass der Umgang nur stattfinden darf, wenn ein mitwirkungsbereiter Dritter anwesend ist. Dritter kann auch ein Träger der Jugendhilfe oder ein Verein sein; dieser bestimmt dann jeweils, welche Einzelperson die Aufgabe für ihn wahrnimmt.

Wie zahlreiche Untersuchungen belegen, verkraften Kinder die Scheidung besser, wenn sie ungehindert in Kontakt zu beiden Elternteilen leben können. Bei der Gestaltung des Umgangsrechts sollten Sie sich deshalb unbedingt Mühe geben, zu einer einvernehmlichen Lösung zu gelangen. Vermeiden Sie es Ihren Kindern zuliebe, durch verletzende Bemerkungen die Erziehungsfähigkeit des anderen herabzusetzen. Im Übrigen sind Sie durch die sogenannte Wohlverhaltensklausel sowieso dazu verpflichtet, sich Ihrem Ex-Ehegatten gegenüber loyal zu verhalten, solange es um die gemeinsamen Kinder geht.

Die Verpflichtung zu ›Wohlverhalten‹ gilt natürlich für beide Elternteile gleichermaßen. Sie hat den Sinn, dass die Eltern die Kinder nicht in ihre Auseinandersetzungen einbeziehen. Die Kinder sollen nicht gegen ein Elternteil aufgehetzt werden. Deshalb muss die Mutter die Kinder so erziehen, dass diese bereit sind, den Kontakt mit dem abwesenden Vater aufrechtzuerhalten.

Tut sie das nicht, kann dies sogar zum Sorgerechtsentzug führen, wie ein Urteil des Oberlandesgerichtes Celle vom 12.6.1995 zeigt (AZ 10 UF 195/94; Vorinstanz: Amtsgericht Hannover, AZ 612 F 3091/92).

Sorgerechtsentzug wegen beharrlicher Verweigerung des Umgangsrechts zwischen Vater und Kind, Zusammenfassung des Urteils:

Der sorgeberechtigten Mutter wurde das Sorgerecht für die Tochter entzogen, weil »sie sich als zur Erziehung des Kindes ungeeignet erwiesen« hat. »Ihre mangelnde Erziehungseignung ergibt sich daraus, dass sie hartnäckig bestrebt ist, das Kind dem Vater zu entfremden, und beharrlich das Umgangsrecht zwischen Vater und Kind verweigert«, obwohl das Kind »selbst eine enge Bindung an den Vater hat. Es ist Aufgabe der Kindesmutter, dafür Sorge zu tragen, dass der Kindesvater sein Umgangsrecht regelmäßig wahrnehmen kann. Für ihre in dem Sorgerechtsverfahren zu beurteilende Erziehungsfähigkeit kommt es wesentlich auch darauf an, ob es ihr gelingt, dieser Aufgabe gerecht zu werden.«

Außerdem hatte die Mutter ihr Verhalten unter anderem damit begründet, dass der Vater die Tochter sexuell missbraucht habe, was aber durch eine Beweisaufnahme nicht bestätigt werden konnte.

»Das Recht des Kindes auf persönlichen Kontakt zu beiden Elternteilen lässt sich, wie in der Vergangenheit deutlich geworden ist, im vorliegenden Fall nur verwirklichen, wenn das Sorgerecht auf den Antragsteller übertragen wird.«

Ähnliche Urteile gibt es auch vom Amtsgericht Potsdam (AZ 44 F 87/93) und einigen wenigen anderen Gerichten. Seit der

Änderung des Kindschaftsrechts nehmen sie jedoch allmählich zu.

WICHTIG: Verstoßen Sie als Vater nachhaltig gegen die Wohlverhaltensklausel, sodass daraus eine Gefährdung des Kindeswohls wird, kann Ihnen auch das Umgangsrecht entzogen werden!

Haben Sie Probleme mit Alkohol oder Drogen, so kann das Kind in Ihrer Obhut als gefährdet gelten. Das gilt vor allem, wenn der Verdacht der körperlichen Misshandlung oder gar des sexuellen Missbrauchs vorliegt (s. hierzu auch PAS S. 58).

In der Folge wird das Besuchsrecht richterlich eingeschränkt, und/oder es werden Treffen auf neutralem Boden festgelegt. Bisweilen findet der Kontakt mit den Kindern dann bei Verwandten oder Bekannten der Mutter oder in Begleitung außenstehender Dritter statt. Als weitere Lösung werden dann Gespräche in einer Erziehungsberatungsstelle vorgesehen.

Hierzu ein Urteil des Hanseatischen Oberlandesgerichts Hamburg vom 2.8.1995 (AZ 12 UF 85/94):

Anordnung einer Pflegschaft zur Durchsetzung eines ›behüteten‹ Umgangsrechts bei ablehnender Haltung des sorgeberechtigten Elternteils (unter anderem wegen des Verdachts sexuell gefärbten Verhaltens):

1. Das Umgangsrecht des nicht sorgeberechtigten Elternteils steht ebenso wie das Sorgerecht unter dem Schutz des Grundgesetzes Art 6 Abs. 2 S. 1. Der völlige Ausschluss des Umgangs auf Dauer als einschneidendster Eingriff darf

nur angeordnet werden, wenn der Gefährdung des Kindes durch eine bloße Einschränkung des Umgangsrechts und dessen sachgerechte Ausgestaltung nicht hinreichend vorgebeugt werden kann. Eine solche Ausgestaltung kann das Umgangsrecht durch Anordnung eines sogenannten ›behüteten‹ Umgangsrechts erfahren.

2. Hat die geschiedene Mutter Besuche des Kindes bei dem Vater abgelehnt, weil sie den begründeten Verdacht gewonnen hat, der Vater habe sich gegenüber dem Kind sexuell auffällig verhalten, kann eine Pflegschaft zur Durchsetzung des sogenannten ›behüteten‹ Umgangsrechts, das heißt die Ausübung des Umgangsrechts im Beisein eines neutralen Dritten, zum Beispiel eines Jugendamtsmitarbeiters, angeordnet werden. Durch diese Anordnung wird den Ängsten und Vorbehalten der Mutter gegen einen unbeaufsichtigten Umgang des Vaters mit dem Kind sowie dem Kindeswohl Rechnung getragen.

Eine Aidsinfektion oder andere nicht unmittelbar ansteckende Infektionskrankheiten sind nach Auffassung der Gerichte kein Grund für einen Ausschluss vom Besuchsrecht. Auch wenn Sie im Gefängnis eine Freiheitsstrafe verbüßen, behalten Sie das Umgangsrecht. Der Kontakt mit den Kindern kann dann durch Briefe und gelegentliche Besuche im Gefängnis aufrechterhalten werden.

Lehnt Ihr Kind es ab, Sie zu treffen, kann das Besuchsrecht ebenfalls eingeschränkt oder vorläufig ausgeschlossen werden. Allerdings sollte der Richter genau untersuchen, ob das Wohl Ihres Kindes durch den Kontakt mit Ihnen in der Tat beeinträchtigt wird. Der Richter wird vor allem hinterfragen müssen, woher die Ablehnung kommt, ob sie also nicht zum Beispiel wesentlich aus Loyalität zur Mutter entstanden ist (s. auch PAS S. 58). Das Gericht muss seine Entscheidung erst nach einer genauen Abwägung zwischen dem aktuellen Selbstbestimmungsrecht des Kindes und seinem langfristigen Kontaktbedürfnis treffen. In diesem Fall ist also nicht ausschließlich nur der Wille des Kindes von Bedeutung.

Auch Großeltern, Geschwister, Stiefelternteile und frühere Pflegeeltern haben ein Umgangsrecht, wenn dies dem Wohl des Kindes dient. Zum Wohl des Kindes gehört außerdem der Umgang mit anderen Personen, zu denen das Kind Bindungen hat, wenn ihre Aufrechterhaltung für seine Entwicklung förderlich ist (§ 1626 Abs. 3 Satz 2 BGB). Den Umgang mit diesen Personen haben die Eltern zu ermöglichen und zu fördern.

> **§ 1685 Abs. 1 und 2 BGB**
> (1) Großeltern und Geschwister haben ein Recht auf Umgang mit dem Kind, wenn dieser dem Wohl des Kindes dient.
> (2) Gleiches gilt für den Ehegatten oder früheren Ehegatten eines Elternteils, der mit dem Kind längere Zeit in häuslicher Gemeinschaft gelebt hat, und für Personen, bei denen das Kind längere Zeit in Familienpflege war.

Wie sich der Kontakt gestaltet, also was zusammen unternommen wird, entscheidet in der Regel die umgangsberechtigte Person. So kann es Ihnen zum Beispiel nicht verboten werden, mit Ihren Kindern Großeltern, Verwandte oder Freunde zu besuchen, die den Kindern die Trennung oft erleichtern. Wenn Sie eine neue Partnerschaft eingegangen sind, ist dies ebenfalls kein Grund dafür, dass Ihre Ex-Frau Besuche der Kinder bei Ihnen verhindert.

Hier ergeben sich aber in der Praxis sehr viele Probleme, wenn die Mutter in die Umgangszeiten ›hineinregieren‹ will. Hier heißt es, sehr behutsam vorzugehen. Mehr zu diesem Themenkreis im dritten Abschnitt.

Kinder und Jugendliche können sich, wenn sie Fragen zur Wahrnehmung ihres Umgangsrechts haben, an das Jugendamt wenden. Dieses berät und unterstützt sie bei der Ausübung des Umgangsrechts. Dazu heißt es in dem entsprechenden Paragraphen des Sozialgesetzbuches:

§ 18 Abs. 3 SATZ 1 und 2 SGB VIII
Kinder und Jugendliche haben Anspruch auf Beratung und Unterstützung bei der Ausübung des Umgangsrechts nach § 1684 Abs. 1 des Bürgerlichen Gesetzbuchs. Sie sollen darin unterstützt werden, dass die Personen, die nach Maßgabe der §§ 1684, 1685 des Bürgerlichen Gesetzbuchs zum Umgang mit ihnen berechtigt sind, von diesem Recht zu ihrem Wohl Gebrauch machen.

Um das Umgangsrecht besser verwirklichen zu können, wurde ein gerichtliches Vermittlungsverfahren eingeführt. Es soll den Eltern, wenn bereits eine gerichtliche Entscheidung über das Umgangsrecht vorliegt, mithilfe des Gerichts eine einverständliche Lösung später aufgetretener Konflikte ermöglichen. Auf die Möglichkeit der Vollstreckung des Umgangsrechts wird auch künftig nicht verzichtet. Ohne diese Möglichkeit würde nämlich das Umgangsrecht – noch häufiger als dies schon heute der Fall ist – nur auf dem Papier bestehen. Allerdings wird körperliche Gewalt gegen das Kind als Mittel zur Durchsetzung des Umgangsrechts ausdrücklich ausgeschlossen.

So sichern Sie Ihr Umgangsrecht

Erlaube dir als Mann (Vater) möglichst keine Fehler,
so kann sie dir nicht ›an den Karren fahren‹.

ULF

Damit Ihre Bemühungen um die Aufrechterhaltung des Kontaktes nicht später gegen Sie verwendet werden können (durch Verdrehung von Tatsachen, Provokation von Auseinandersetzungen und Ähnliches), müssen Sie einige Regeln einhalten. Die folgenden Hinweise treffen aber nur auf den Trennungsvater zu, der unmittelbar nach räumlicher Trennung versucht, den Kontakt zu seinen Kindern aufrechtzuerhalten. Sie gelten nicht für Väter, die schon länger den Kontakt verloren haben, und auch nicht für solche, bei denen bereits eine gerichtliche Regelung über den Umgang vorliegt. Mein Dank gilt der Selbsthilfeorganisation ›paPPa.com‹, die mir die folgenden Tipps zur Verfügung gestellt hat!

▸ Dokumentieren Sie Ihre vor- und außergerichtlichen Bemühungen um eine Einigung. Konkret heißt das: Schreiben Sie einen Brief an die Mutter mit der Bitte um Vereinbarung von Besuchszeiten. Schicken Sie dieses möglichst verbindlich gestaltete Schreiben per Fax, übergeben Sie es unter Zeugen oder per Einschreiben/Rückschein. Verzichten Sie in diesem Brief, auch ansatzweise, auf Vorwürfe.

▸ Bleibt Ihre Bitte erfolglos, können Sie Ihren Wunsch unter Umständen noch über Dritte (Freunde, Verwandte, Großeltern oder Paten des Kindes) an die Mutter herantragen. Wählen Sie auch hier möglichst die Schriftform, etwa

eine schriftliche Bestätigung durch die Vermittlungs-
person.

▸ Bleibt auch das ohne Erfolg, wenden Sie sich umgehend an
das Jugendamt und bitten Sie um Vermittlung. Der erste
Termin dort sollte formlos sein, also noch ohne schriftliche
Bestätigung. Haben Sie den Eindruck, dass man dort Ihrem
Anliegen gleichgültig gegenübersteht, nehmen Sie zu einem
zweiten Termin einen Freund oder einen Begleiter aus einer
Selbsthilfegruppe mit. Das wirkt meist Wunder.

▸ Spätestens nach diesem zweiten Termin erstellen Sie ein
Gedächtnisprotokoll und senden es dem Jugendamt – auch
das möglichst per Fax oder Einschreiben. Betonen Sie, dass
Sie eine weitere kontaktlose Zeit im Sinne der Kinder vermeiden wollen, und lassen Sie Ihre Mitteilungen möglichst
noch einmal von Dritten vor Absendung gegenlesen.

▸ Dieser gesamte Vorgang sollte nicht länger als zwei bis
drei Wochen dauern. Doch oft bleiben diese Bemühungen ohne Erfolg, Woche um Woche vergeht, auf Ihre Bitten
erhalten Sie lange keine Antwort. Setzen Sie daher in Ihren
Schreiben Fristen, in dieser Phase nicht länger als acht
Tage.

▸ Haben Sie nach drei Wochen nichts erreicht, sollten Sie
spätestens jetzt Ihre Bemühungen auf Dritte, die Kontakt
zu Ihren Kindern haben, ausdehnen (Betreuer, Kinder-
garten- oder Hortkräfte, Lehrer) und mit der Bitte vorstel-
lig werden, die Kinder dort sehen zu dürfen. Rechtlich sind
Sie grundsätzlich auf der sicheren Seite, auch ohne gerichtlichen Beschluss. Betonen Sie dort, dass Sie nichts hinter
dem Rücken der Mutter machen wollen, dass es aber leider
momentan sehr schwierig sei und deshalb bis zur weiteren

Klärung ein Kontakt unter Vermittlung dieser Personen ermöglicht werden könnte. Hier sollten Sie nach Möglichkeit auch einen Zeugen dabeihaben.

▸ Geht man auch hier auf Ihre Bitte nicht positiv ein, sollten Sie – und das dann auf jeden Fall in Anwesenheit von Zeugen, die zu einer schriftlichen Bestätigung bereit sind – den direkten Kontakt zum Kind suchen: Gehen Sie in den Hort oder in die Schule und zeigen Sie sich. Bringen Sie Ihrem Kind ein kleines Geschenk mit, trösten Sie es und versichern Sie ihm, dass Sie bald wiederkommen.

▸ Gehen Sie dabei jeder Diskussion oder Auseinandersetzung aus dem Weg, beharren Sie aber auf Ihrem Wunsch, mit dem Kind kurz sprechen zu können. Und noch mal: Gehen Sie nicht alleine!

▸ Von dieser Begebenheit informieren Sie umgehend das Jugendamt – natürlich wieder schriftlich und natürlich wieder mit Beleg über den Eingang dort. Begründen Sie Ihren Schritt damit, dass Ihre Bemühungen bisher leider ohne Erfolg geblieben sind.

▸ Anschließend fassen Sie den bisherigen Verlauf mit allen Ihren Bemühungen umgehend zusammen und beantragen beim zuständigen Familiengericht eine einstweilige Anordnung auf Umgangsregelung mit dem Kind – mindestens alle zwei Wochen, nach Möglichkeit mit Übernachtung bei Ihnen. Bieten Sie an, dass die Übergabe von Dritten begleitet wird, um Auseinandersetzungen mit der Mutter entweder aus dem Weg zu gehen oder diese zumindest von neutralen Dritten beobachten zu lassen. Hierfür kommen Beratungseinrichtungen oder Personen aus Selbsthilfegruppen in Betracht, eventuell auch das Jugendamt selber, aber nur wenn Sie dort jemanden gefunden haben, der Ihr Vertrauen genießt.

▸ Berichten Sie auch, dass Sie Kontakt mit dem Kind gehabt haben und dies auch für die Zukunft beabsichtigen, um beim Kind Verlustängste zu vermeiden. Auch in diesem gerichtlichen Antrag vermeiden Sie verdeckte und ausdrückliche Vorwürfe. Schildern Sie lediglich objektiv die Vorgänge.

▸ Last but not least: Lassen Sie sich nicht provozieren! Niemals!

Häufiger Grund für Eskalationen sind offene und verdeckte Provokationen durch die Mutter, durch Jugendamtsmitarbeiter, durch den Anwalt der Mutter oder sonstige beteiligte Personen. Hier hilft nur eines: Gehen Sie ihnen nicht auf den Leim, denn der Zweck dieser Provokationen ist klar. Sie sollen selbst die Munition liefern, mit der Sie später ›erschossen‹ werden. Später wird nicht gefragt, warum Sie sich aufgeregt haben. Ihre Gründe, aus der Haut zu fahren, mögen noch so gut sein: Im Protokoll steht lediglich: »Der Vater hat zu brüllen angefangen«, »Er hat sich unmöglich aufgeführt«, »Er ist renitent geworden« und Ähnliches. Denken Sie an den alten lateinischen Grundsatz: »Es bleibt immer etwas hängen.«

Auch hier hilft es, grundsätzlich einen neutralen Dritten als Zeugen dabeizuhaben. Bleiben Sie sachlich, aber hartnäckig. Wiederholen Sie Ihr Anliegen, bieten Sie bei Ablehnung Alternativen an, fragen Sie beharrlich nach Gründen, warum man nicht auf Ihren Vorschlag eingehen will. Auch das sollten Sie später alles aufschreiben und an das Jugendamt/Gericht weiterleiten. Sie müssen in jeder Phase einen bedachten, kooperationsbereiten und gutwilligen, aber trotzdem in der Sache konsequenten Eindruck machen.

Und noch einmal der Rat: Machen Sie Ihren Partner nicht schlecht. Alles, was Sie schriftlich oder mündlich von sich geben, sollte sich auf die Schilderung von Tatsachen beschränken (die belegt werden können, wenn Sie die oben angeführten Regeln beherzigt haben). Die an solchen Auseinandersetzungen beteiligten Behördenmitarbeiter bekommen tagtäglich von beiden Seiten zu hören, wie mies, hinterhältig, unkalkulierbar der jeweils andere ist – davon lassen sie sich sowieso nur in den seltensten Fällen beeinflussen. Schildern Sie aber so objektiv wie möglich die Fakten, können die Zuständigen in Jugendamt und Gericht (und später eventuell beauftragte Gutachter oder Verfahrenspfleger) sich selbst ihre Meinung bilden.

Selbst wenn Sie es nicht gern hören wollen, sind Sie mehr oder minder immer wieder auf die Kooperation mit der Mutter angewiesen. Je mehr negative Wertungen Ihre Äußerungen enthalten, desto mehr wird sie sich verletzt und darin bestätigt fühlen, dass man mit Ihnen nicht reden kann. Diese Verletzungen können jahrelang bestehen und Ihnen und vor allem Ihren Kindern schaden!

Haben Sie diese Regeln beachtet, werden Sie mit ziemlicher Sicherheit eine Umgangsregelung erreichen. Akzeptieren Sie diese und führen Sie das Verfahren weiter, auch wenn diese nicht zu Ihrer Zufriedenheit ausfallen sollte. Denn zunächst einmal geht es nur um die grundsätzliche Sicherung des Umgangsrechts des Kindes.

Weitere Informationen rund ums Kindschaftsrecht

Alleinentscheidungsbefugnis

Neu ist, dass auch für den Fall der gemeinsamen Sorge nach Trennung oder Scheidung dem betreuenden Elternteil eine Alleinentscheidungsbefugnis in allen Angelegenheiten des täglichen Lebens zukommt. Das sind nach der Definition des Gesetzes in der Regel solche Entscheidungen, die häufig vorkommen und keine schweren Auswirkungen auf die Entwicklung des Kindes haben – z.B. schulische und medizinische Betreuung des Kindes. Dies bedeutet, dass der Elternteil, bei dem das Kind überwiegend lebt, sich über die praktischen Fragen des Alltags nicht mit dem anderen Elternteil verständigen muss. Allerdings ergibt sich in der Praxis eine Reihe von Problemen, da bei bestehender gemeinsamer Sorge viele Ämter und andere Einrichtungen die Unterschriften beider Eltern verlangen. Dies wird bisweilen von den Müttern als Grund für die Alleinsorge angegeben.

Umgekehrt hat der andere Elternteil, bei dem sich das Kind etwa am Wochenende oder in den Ferien aufhält, eine auf die Fragen der konkreten Betreuung beschränkte Alleinentscheidungsbefugnis. Eine wirklich gemeinsame Zuständigkeit der getrennt lebenden Eltern gibt es nur bei Entscheidungen in Angelegenheiten, deren Regelung für das Kind von erheblicher Bedeutung ist. Dazu heißt es im Gesetz:

§ 1687 Abs. 1 SATZ 1 bis 4 BGB

Leben Eltern, denen die elterliche Sorge gemeinsam zusteht, nicht nur vorübergehend getrennt, so ist bei Entscheidungen in

Angelegenheiten, deren Regelung für das Kind von erheblicher Bedeutung ist, ihr gegenseitiges Einvernehmen erforderlich. Der Elternteil, bei dem sich das Kind mit Einwilligung des anderen Elternteils oder aufgrund einer gerichtlichen Entscheidung gewöhnlich aufhält, hat die Befugnis zur alleinigen Entscheidung in Angelegenheiten des täglichen Lebens. Entscheidungen in Angelegenheiten des täglichen Lebens sind in der Regel solche, die häufig vorkommen und die keine schwer abzuändernden Auswirkungen auf die Entwicklung des Kindes haben. Solange sich das Kind mit Einwilligung dieses Elternteils oder aufgrund einer gerichtlichen Entscheidung bei dem anderen Elternteil aufhält, hat dieser die Befugnis zur alleinigen Entscheidung in Angelegenheiten der tatsächlichen Betreuung.

Das psychologische Gutachten

In vielen strittigen Fällen wird der Familienrichter ein psychologisches Sachgutachten in Auftrag geben, um eine Entscheidungshilfe hinsichtlich der Sorge- und Umgangsfragen zu bekommen. Aber geben Sie sich keinen Illusionen hin: Psychologen sind auch nur Menschen. Erwarten Sie nicht von vornherein, einer Person gegenüberzustehen, die ein offenes Ohr für Ihr Anliegen hat. Manchmal können Sie in Betroffenengruppen vorab erfahren, mit wem Sie es zu tun haben werden. Meist gibt es dort jemanden, der mit dem entsprechenden Gutachter schon zu tun hatte und Ihnen Tipps geben kann.

Gerade gegenüber einem Gutachter sollten Sie es strikt vermeiden, sich negativ über die Mutter zu äußern. Schildern Sie primär Fakten! Und betonen Sie immer wieder, wie wichtig es

Ihnen ist, den Streit aus Kindersicht zu sehen. Fragen Sie (nicht ganz uneigennützig) nach Rat. Psychologen lieben das. Und je nach Qualität dieses Rates können Sie auch erkennen, ob dieser Mensch etwas in Ihrem Sinn tun kann oder will.

Achtung! Ein einmal erstelltes Gutachten ist schwer aus der Welt zu schaffen, selbst wenn sein Inhalt nicht der Wahrheit entspricht und hauptsächlich Wertungen und Ideologien des Sachverständigen enthält (Sätze wie »Das Kind gehört der Mutter«, »Mütter sind die primären Bezugspersonen« oder »Die Mutter ist zu schützen« gehören zu den Vorurteilen vieler Psychologen). Da es keinerlei verbindliche Standards für die Erstellung von familienpsychologischen Gutachten gibt (!), ist hier leider oft der Willkür Tür und Tor geöffnet.

Eine ernüchternde Einschätzung von Holger Partikel, der als Familienrechtsexperte und Jurist viele unterhaltspflichtige Väter begleitet: »Gutachten, die ich zur Lektüre bekommen habe, arbeiteten fast ausschließlich nach dem Gewinner-Verlierer-Prinzip – und Sie dürfen raten, wer regelmäßig der Verlierer war.«

Schließlich und endlich: Die neuen Gesetze wurden gegen teilweise massiven Widerstand verabschiedet, und viele Jugendamtsmitarbeiter und Richter sind damit überhaupt nicht einverstanden. Weit verbreitet ist, wie Holger Partikel bestätigt, die Auffassung, dass man so weitermachen könne wie bisher: »Der Mutter die Kinder, dem Vater die Unterhaltspflicht.«

Gummibegriff ›Kindeswohl‹

Machen Sie sich trotzdem vertraut mit der neuen Rechtslage! Es gibt viele für das Kind günstige neue Regelungen im Umgangs-

und Sorgerecht. Vor allem hat das Kind selber ein Recht auf Umgang; Streit zwischen den Eltern ist allein kein Grund, die gemeinsame Sorge aufzukündigen, also einem Elternteil Sorgepflicht und -recht wegzunehmen. Aber wundern Sie sich nicht, wenn man mit Unverständnis oder Ablehnung reagiert. Neue Gesetze brauchen Zeit, bis sie in die Köpfe (und günstigstenfalls in die Herzen) der Menschen vordringen. Gesetze arbeiten viel mit unbestimmten Rechtsbegriffen, die jeder nach freier Überzeugung für sich auslegen kann.

Einer dieser Begriffe ist zum Beispiel das ›Kindeswohl‹. Professor Siegfried Willutzki, Präsident des Deutschen Familiengerichtstags, konnte sich im September 1996 auf einer Tagung zum gemeinsamen Sorgerecht in Freiburg der ironischen Äußerung nicht enthalten, dass er denjenigen für den Nobelpreis vorschlagen werde, der ihm eine brauchbare Definition für diesen unbestimmten Rechtsbegriff liefere.

Warten, bis Ruhe einkehrt

Sprechen wir also vom ›Kindeswohl‹. Viele Väter gehen immer noch – zumindest vorübergehend – dem nach wie vor herrschenden ›Ruhe-Argument‹ auf den Leim: »Warten Sie ab, bis sich die Situation beruhigt hat. Dann kann man weitersehen.« So oder ähnlich lauten die immer wiederkehrenden Argumente aus Jugendamt und Rechtsanwaltskanzlei. Die haben damit den Fall vom Tisch – und Sie sind keinen Schritt weiter.

Ich kann es gar nicht oft genug wiederholen: Sie sind wichtig für Ihr Kind, es spielt keine Rolle, ob Sie vorher ein Bilderbuch-Papa waren oder ein viel beschäftigter, gestresster Wochenend-

Daddy, der nur wenige Stunden für gemeinsame Freizeit zur Verfügung stand. So oder so waren Sie ein fester Bestandteil im Leben Ihrer Kinder – und sollten es unbedingt bleiben. Mischen Sie sich also – im besten Sinn des Wortes – ein, wo Sie nur können! Bleiben Sie am Ball. Seien Sie bestimmt, aber sachlich.

Kindschaftsrecht in der Kritik

Damit sind wir bereits bei den Kritikpunkten an der Reform des Kindschaftsrechts. Gerade viele umgangsberechtigte Väter sind von dessen bisherigen Erfolgen eher enttäuscht. Sicher, so räumt etwa die Interessensvertretung ›Väteraufbruch für Kinder‹ (VafK) ein, habe es durch die Reform Verbesserungen gegeben. Dies ändere jedoch nichts daran, dass bei wesentlichen grundlegenden Problemen noch immer eine Lösung ausstehe. So sei die Quote gerichtlicher Entscheidungen für ein gemeinsames Sorgerecht regional sehr abweichend. Da zum Wohle des Kindes entschieden werden soll, sei unerklärlich, warum Trennungsfamilien und Kinder im Saarland, Hamburg, Dresden oder München so unterschiedlich sein sollen. Wenn das Recht so verschieden interpretiert werden könne, deute dies darauf hin, dass der Gesetzestext zu viel Spielraum und damit auch Missbrauch zulasse. Vor allem fehle völlig die Überlegung, welche Rolle dem Vater nach einer Trennung zukommt, wenn er nicht mehr mit seinen Kindern in der häuslichen Gemeinschaft leben kann.

Der VAFK wörtlich:
Die Reformen des Kindschaftsrechtes und der neue Leitgedanke gemeinsamer Elternverantwortung sind wenig glaubwürdig, so-

lange es zwar klare Umgangsregelungen zugunsten des Kinderkontaktes zu beiden getrennt lebenden Eltern ermöglichen soll, eine Einhaltung der Umgangsurteile aber häufig nicht gewährleistet. Das Familienministerium geht zwar von einer fortbestehenden Elternschaft auch nach einer Trennung aus, hat aber bis heute keinerlei richtungsweisenden Vorstellungen, wie diese beiden Elternteilen nach einer Trennung überhaupt möglich sein soll. Die Realität ist nach wie vor, dass meist die Väter in die Rolle von Besuchsonkeln abgedrängt werden. Ein Gesamtkonzept des Familienministeriums ist bisher nicht entwickelt worden, Konzepte oder Kampagnen gibt es nur zu anderen, eher nebensächlichen oder untergeordneten Themen.

Trennungsfamilien als gesellschaftlicher Kostenfaktor

Tatsache ist: Ein Großteil der Trennungsfamilien ist nicht in der Lage, auf Dauer wirtschaftlich eigenständig zu existieren, und deshalb auf staatliche Hilfen angewiesen. Außerdem werden Trennungskinder häufig verhaltensauffällig und bedürfen fachlicher Hilfe. Alleinerziehende sind stärker belastet; der getrennt lebende Elternteil verliert seine Lebensperspektive und scheitert oft in seinem weiteren Leben. Das hat ebenfalls hohe soziale Kosten für die Gesellschaft zur Folge. Andererseits wird – auch mangels finanzieller Mittel – an einer qualifizierten fachlichen Begleitung in der Trennungssituation gespart. Da die sozialen Folgekosten aber erheblich größer sind, entsteht hoher volkswirtschaftlicher Schaden. Ansätze für eine Lösung? Meines Erachtens Fehlanzeige …

Kaum eine Beratung der öffentlichen Institutionen
hat Loyalitätskonflikte, Bindungsgestaltung, die
Wichtigkeit triangulärer Beziehung für die Entwicklung
der Kinder und so weiter thematisiert. Eine Beratung
dazu hat faktisch nicht stattgefunden. Obwohl das alles
in engem Zusammenhang steht mit den neu verteilten
Rollen, mit denen man sich erst einmal abfinden muss.
Die Tätigkeit des Jugendamtes hatte sich lange Zeit
darin erschöpft, dem Gericht Bericht zu erstatten.
Bis ich schriftlich auf den Putz haute.
CHRISTIAN

Das Gleiche gilt für die fachliche Schulung der Jugendamtsmitar-
beiter, Familienrichter, Rechtsanwälte und Gutachter. Die unter
Mitarbeitern in den Jugendämtern verbreitete Haltung: »Wenn
die Mutter nicht will, kann man halt nichts machen«, sei – so der
›Väteraufbruch‹ – ein Beleg für die Halbherzigkeit deutscher
Familienpolitik.

Als einer, der mit 24 Jahren aus Osteuropa nach
Deutschland eingewandert ist, inzwischen seit
27 Jahren hier lebt und arbeitet (sieben Jahre davon
als Sozialarbeiter), muss ich feststellen: Die deutsche
Familienpolitik ist ungefähr das Letzte, was man in
Europa antreffen kann. Deutschland ist kein kinder-
freundliches Land. Und trotzdem: 80 bis 90 % der
Misere, die zwischen Eltern und Kindern herrscht, ist
primär und dominierend Sache der Eltern und dann erst
einer (deutschen oder nicht deutschen) Familienpolitik.
OTTO

Die passenden Berater

Um zu verhindern, dass Eltern ihre Kinder im Scheidungsverfahren aus den Augen verlieren, hat der Gesetzgeber verschiedene begleitende Maßnahmen zur Beratung der Eltern unter Beteiligung des betroffenen Kindes vorgesehen. Zum einen setzen Gerichte Jugendämter über Scheidungsanträge in Kenntnis, bei denen gemeinschaftliche minderjährige Kinder von der Scheidung betroffen sind. Die Jugendämter sind verpflichtet, Eltern über das Angebot der Trennungs- und Scheidungsberatung zu informieren. Diese Ergänzung soll sicherstellen, dass das Beratungsangebot alle Betroffenen erreicht und dass jeder, der Anspruch auf die Beratung hat, diesen Anspruch auch wahrnehmen kann. Über die Qualität der Beratungsmaßnahmen, die sehr unterschiedlich sein kann, ist damit allerdings noch nichts gesagt.

Zum anderen hören auch die Gerichte, wenn gemeinschaftliche minderjährige Kinder vorhanden sind, die Ehegatten zur elterlichen Sorge an und sollen nochmals auf bestehende Möglichkeiten der Beratung durch die Beratungsstellen und Dienste der Jugendhilfe hinweisen. So steht es zumindest auf dem Papier.

> Ich habe den zuständigen Mitarbeiter des Jugendamtes gefragt, ob es in der großen Stadt Hamburg Hilfe und Rat gibt. Er hatte keine Ahnung, bis ich ihm aus seinen Regalen die betreffenden Prospekte herausgesucht habe. Er hat sie mir nicht vorenthalten wollen, er wusste nur nicht, was er in seinen Regalen so aufbewahrt. Aber eine Selbsthilfegruppe für saufende Schläger hat er mir empfohlen. Ein guter Tipp für Ratsuchende: die Gleichstellungsbeauftragte

der Stadt, kompetent und einsatzfreudig, sogar beim Arbeitsamt wegen der Beantragung des Kindergeldes. Da ist man nämlich als Vater gleich wieder in der Schublade ›Säufer und Schläger‹ und kann erst einmal warten. Das geht so weit, dass der Telefonhörer aufgelegt wird, wenn man sich nach seinem vor drei Wochen eingereichten Antrag erkundigen möchte.

WILLI

Wenn Sie andere davon überzeugen wollen, dass Sie in der Lage sind, für die Interessen Ihrer Kinder einzutreten, dass die Kinder ein Recht auf Sie als Vater haben, dass Sie sogar eventuell besser geeignet sind, in Zukunft vorrangig für die Kinder zu sorgen, dann müssen Sie selber überzeugend dafür eintreten, ein guter Elternteil zu sein. Das bedeutet, dass Sie selber die Beweislast dafür tragen. Auch wenn Sie den ›fachlichen‹ Bereich an einen verständigen Berater in der Jugendhilfe, einen Anwalt oder Berater einer Selbsthilfegruppe delegieren, ändert das daran nichts. Diese Experten können es durchaus gut mit Ihnen meinen, doch ihr Verhalten gehorcht Regeln und Sachzwängen, von denen Sie zunächst keine Ahnung haben und die nicht immer genau mit Ihren identisch sind. Sie werden sich im Zweifel mit Ihren Interessen nicht oder nicht vollständig vertreten fühlen. Im Extremfall können Sie an jemanden geraten, dessen Ratschläge und Empfehlungen sogar schlicht falsch sein können und die unter Umständen zur Eskalation beitragen oder Ihre Position als Vater untergraben.

Daraus folgt: Bleiben Sie in jedem Fall selber für alle zu ergreifenden Maßnahmen zuständig. Keiner kann Ihre Interessen besser vertreten als Sie selber! Das gilt insbesondere auch für die

Interessen Ihrer Kinder. Schließlich sind Sie der Vater und nicht der Berater!

Lassen Sie daher auch keinen Schriftsatz (zum Beispiel durch den Anwalt) absenden, ehe Sie nicht seinen Inhalt zur Kenntnis genommen haben, einschließlich der Möglichkeit zur Korrektur oder Ergänzung. Lässt sich ein Berater darauf nicht ein, suchen Sie sich umgehend einen anderen.

Spezialfall Anwalt

> Ein guter Vater? Auszug eines Schreibens meines gegnerischen Anwaltes: Der Angeklagte solle den eingeklagten Zahlungsbetrag so schnell wie möglich leisten. Nur daran wäre zu erkennen, dass er ein ›guter Vater‹ sei. Der Richter meinte darauf, der Anwalt möge solche Äußerungen lassen und er solle aufhören, den Angeklagten wie eine Zitrone auspressen zu wollen. Ich bin anderer Meinung als der Anwalt meiner Ex-Frau: Alleine ein Vater, der sich um sein Kind bemüht, ist ein guter Vater!
> HOLGER

Noch ein paar Sätze zum speziellen Thema Rechtsanwalt: Anwaltspflicht gibt es nur im Scheidungsverfahren. Sorge- und Umgangsrecht können auch dort verfahrenstechnisch abgetrennt werden, dann benötigen Sie auch dafür keinen Anwalt. Wenn Sie sich dennoch für einen Rechtsbeistand entscheiden, stecken Sie die Erwartungen nicht zu hoch. Eine Trennungsauseinandersetzung ist, wenn sie streitig wird, sehr kompliziert, und ein Jurist kann mit dieser Aufgabenstellung durchaus überfordert sein. Auch muss man Anwälten zugutehalten, dass ein Mandat über Prozesskostenhilfe mit Sicherheit kein lukratives Geschäft ist. Der Streitwert für Umgangs- und Sorgerechtsverfahren ist sehr niedrig. Und wer weiß schon, ob der Anwalt nicht selbst der persönlichen Überzeugung ist, dass die Kinder zur Mutter gehören – und dass er diese Überzeugung unbewusst in seine Arbeit einfließen lässt.

Lassen Sie sich in jedem Fall erfahrene Anwälte (vorrangig Fachanwälte für Familienrecht) empfehlen. Fast jede Betroffenengruppe kann von entsprechenden Erfahrungen mit Anwälten berichten. Auch sollte der Anwalt Ihnen nach der Schilderung des Sachverhalts ein schlüssiges Konzept vorschlagen, wie mit Erfolgsaussicht vorgegangen werden kann (was aber nicht zuletzt davon abhängt, welcher Richter in der Sache entscheidet!).

Und fragen Sie nach den auf Sie zukommenden Kosten (auch die der Gegenseite und den Gerichtskosten) und lassen Sie sich das unbedingt schriftlich geben, damit Sie nicht nach Monaten, wenn Sie die Kostennote in Händen halten, in Ohnmacht fallen.

4 | RUND UM DEN UNTERHALT

Leider ist das deutsche Unterhaltsrecht relativ kompliziert. Es ist kaum möglich, auf den wenigen Seiten, die hier zur Verfügung stehen, dieses Recht nicht nur einigermaßen verständlich, sondern auch vollständig darzustellen.

An dieser Stelle sollen zumindest die Grundzüge erläutert, die wichtigsten Begriffe erklärt und Zusammenhänge hergestellt werden. Eine Darstellung, die Ihnen als Leser die komplette Lösung Ihrer individuellen Unterhaltsfragen ermöglicht, ist leider nicht möglich.

Sie brauchen in aller Regel anwaltliche Unterstützung!

Wegen der Komplexität des Unterhaltsrechts empfehle ich Ihnen den Gang zum Rechtsanwalt Ihres Vertrauens, wenn Sie offene Fragen haben. Unterhaltsberechnungen sind nämlich eine komplizierte Angelegenheit. Im Folgenden sollen Sie einen gewissen Eindruck davon erhalten, wie man die Unterhaltspflichten ermittelt. Leider ist das Unterhaltsrecht teilweise so kompliziert, dass Sie ohne professionelle Ausbildung und Erfahrung nicht weiterkommen werden.

Wenn Sie Post vom Anwalt der Kindesmutter bekommen, dann sollten Sie dessen Briefe und Erläuterungen nicht unbedingt für bare Münze nehmen. Ohne dass er es persönlich meint, wird der gegnerische Anwalt immer seine Mandantin vertreten. Seine Unterhaltsberechnung wird im Zweifelsfall nicht zu Ihren Gunsten, sondern zugunsten Ihrer Ex ausfallen. Schon deshalb müssen Sie sich einen eigenen Anwalt nehmen. Selbst wenn Anwaltskosten von einigen 100 Euro anfallen sollten, hat sich das in der Regel rasch amortisiert. Wenn der Anwalt nur dafür sorgt, dass sich Ihre Unterhaltspflicht um 50 Euro monatlich vermindert, wirkt sich das bereits ganz erheblich aus. In einem Jahr sparen Sie dann nämlich bereits 600 Euro.

Das Familienrecht ist ein sehr intimes Rechtsgebiet. Beim Streit um Unterhalt, Sorgerecht, Zugewinnausgleich usw. sind sehr persönliche Bereiche betroffen. Es ist daher wichtig, dass Sie das Gefühl haben, bei Ihrem Rechtsanwalt bzw. Ihrer Rechtsanwältin gut aufgehoben zu sein. Falls Sie dieses Gefühl nicht gewinnen, empfehle ich Ihnen, sich weiter umzuschauen. Manchmal hilft eine zweite Meinung. Dann reicht oft bereits ein Beratungsgespräch bei einem anderen Anwalt bzw. einer anderen Anwältin. Vertrauen Sie bei der Zusammenarbeit mit Ihrem Rechtsbeistand auch auf Ihre Intuition.

Der Anwalt Ihrer Wahl muss übrigens nicht unbedingt Fachanwalt für Familienrecht sein. Denn die Fachanwaltsprüfung lässt nicht in jedem Fall einen Rückschluss darauf zu, dass der entsprechende Anwalt wirklich jeden Tag mit Unterhaltsrecht zu tun hat. Entscheidend ist, dass eine Spezialisierung auf den Bereich des Familienrechts und praktische Erfahrungen vorhanden sind. Wegen der Komplexität des Familienrechts kann ein Rechtsanwalt nur dann helfen, wenn er regelmäßig mit diesem Rechtsgebiet befasst ist. Sie sollten also den Rechtsanwalt zu Beginn des Beratungsgespräches dazu befragen, ob er einen Tätigkeitsschwerpunkt im Bereich des Familienrechts hat. In gleicher Weise sollten Sie gleich zu Beginn des Gespräches Klarheit über die Kosten schaffen.

Kosten

Die Kosten eines Beratungsgespräches beim Anwalt

Die Kosten der anwaltlichen Tätigkeit richten sich nach dem Rechtsanwaltsvergütungsgesetz (RVG). Bleibt es bei einem reinen Beratungsgespräch, kann eine Erstberatung vorliegen. Die Kosten einer Erstberatung sind – egal um welchen Gegenstandswert es geht – gesetzlich der Höhe nach beschränkt. Für eine Erstberatung in Rechtsangelegenheiten von Verbrauchern darf ein Anwalt unabhängig vom Streitwert maximal 190 Euro (zuzüglich gesetzliche Mehrwertsteuer) verlangen. Wenn der Rahmen eines Erstberatungsgespräches überschritten wird, richtet sich das Anwaltshonorar im Übrigen nach dem Streit- bzw. Gegenstandswert.

Sie sollten darauf achten, dass bereits das Entwerfen eines Briefes – etwa an die zukünftige Ex-Gattin – den Rahmen eines Beratungsgespräches überschreitet. Eine Erstberatung ist auch nicht mehr gegeben, wenn der Anwalt eine Vertragsklausel – etwa für eine notariell zu beurkundende Scheidungsfolgenvereinbarung – entwerfen oder die Prozessaussichten überprüfen soll.

Der Umfang der Tätigkeit wirkt sich vor allem auch honorartechnisch aus. Denn so bald der Rahmen einer Erstberatung überschritten wird, liegt in aller Regel mindestens eine Geschäftstätigkeit vor, die andere und in der Regel höhere Gebühren mit sich bringt.

Auf der Basis eines ersten Rechtsrats können Sie jedenfalls entscheiden, ob Sie weiterhin anwaltlich vertreten werden wollen oder ohne Rechtsanwalt klarkommen. Allerdings dürfen Sie nicht erwarten, dass Ihre Probleme mit einer mündlichen oder schriftlichen Erstberatung gelöst sind.

Sie haben das Recht, vor Aufnahme eines Beratungsgespräches mit dem Anwalt Ihres Vertrauens die Kosten der anwaltlichen Tätigkeit zu klären. Ratsam ist es, den Anwalt zu Beginn des Gespräches darum zu bitten, Sie darauf aufmerksam zu machen, wenn der Rahmen eines Erstberatungsgespräches überschritten wird.

Sobald der Umfang der gewünschten Anwaltstätigkeit und die Kostenfrage geklärt sind, kann das Beratungsgespräch sich dem Thema Unterhalt zuwenden. Es ist zu empfehlen, dass Sie sich auf dieses Gespräch vorbereiten.

Wenn Sie sich die Anwaltskosten nicht leisten können

Falls Sie ein geringes oder gar kein Einkommen und kein Vermögen haben, sind Sie im Sinne des Gesetzes bedürftig. Das bedeutet, dass Sie staatliche Hilfe in Anspruch nehmen können. Für die anwaltliche Beratung können Sie Beratungshilfe beantragen. Sobald es vor Gericht geht, kommt Prozesskostenhilfe ins Spiel.

Beratungshilfe

Die Beratungshilfe wird in den verschiedenen Amtsgerichtsbezirken unterschiedlich gehandhabt. In manchen Gerichtsbezirken wie beispielsweise am Amtsgericht Stuttgart wird die Beratungshilfe beim Amtsgericht gewährt. Jeder Rechtsanwalt, der in Stuttgart tätig ist, bekommt zum Beispiel in regelmäßigen zeitlichen Abständen eine Einladung, sich an einem bestimmten Termin einzufinden und Beratungshilfe zu gewähren. Die Rechtssuchenden müssen wie in der Arzt-Sprechstunde warten, bis sie an der Reihe sind. Der beratende Rechtsanwalt bekommt vom Amtsgericht eine Aufwandsentschädigung.

An anderen Amtsgerichten können die Rechtssuchenden beim Amtsgericht einen Beratungshilfeschein beantragen und damit dann einen Rechtsanwalt ihrer Wahl aufsuchen.

Prozesskostenhilfe

Prozesskostenhilfe wird durch das für einen Rechtsstreit zuständige Gericht gewährt. Wenn Sie als Kläger auftreten – was bei Vätern seltener der Fall ist –, dann prüft das Gericht die Erfolgsaussichten Ihrer Klage. Sobald Bedürftigkeit vorliegt und die beabsichtigte Rechtsverfolgung Aussicht auf Erfolg hat, erhalten Sie Prozesskostenhilfe (kurz: PKH) bewilligt.

Die PKH kann mit oder ohne Ratenzahlung bewilligt werden. Das bedeutet, dass Sie sich mit monatlichen Raten an den Verfahrenskosten beteiligen müssen, wenn Ihnen von Ihrem Einkommen nach Abzug der Unterhaltsverpflichtungen und anderer Ausgaben genug übrig bleibt. Ob das der Fall ist, können Sie unter dem Begriff ›Prozesskostenhilferechner‹ in den bekannten Suchmaschinen leicht im Internet recherchieren.

Die PKH deckt allerdings nur die Gerichtskosten und die Kosten des eigenen Anwalts ab. Sollte der Prozess verloren gehen und Sie müssen die Prozesskosten ganz oder teilweise tragen, müssen Sie damit rechnen, auch die Kosten für den Anwalt Ihrer Ex-Frau zahlen zu müssen.

Den Antrag auf Bewilligung von PKW wird in aller Regel Ihr Rechtsanwalt für Sie beantragen.

Bedürftigkeit

Sowohl bei Beratungshilfe als auch bei Prozesskostenhilfe müssen Sie Ihre Bedürftigkeit nachweisen. Das heißt, dass Sie Angaben zu Ihrem Einkommen und Ihren Ausgaben, insbesondere aber auch zu Ihren Unterhaltsverpflichtungen machen müssen. Und dass diese Angaben stimmen müssen. Dabei sollten Sie vorsichtig sein. Falls Sie Ihre Vermögensverhältnisse versehentlich oder absichtlich falsch darstellen, kann das sogar strafbar sein. Ärger mit der Polizei oder der Staatsanwaltschaft sollten Sie sich unbedingt ersparen.

Welche Unterlagen Sie zum Anwalt mitbringen müssen

Ihr Anwalt braucht bei Unterhaltsberechnungen und auch für die Beantragung von Prozesskostenhilfe genaue Informationen und Belege zu Ihrem Einkommen und Ihren Ausgaben. Wenn Sie angestellt sind, sollten Sie zunächst einmal eine Aufstellung Ihres Einkommens während des sogenannten Auskunftszeitraums erstellen. Der Auskunftszeitraum und die jeweiligen Belege unterscheiden sich erheblich, je nachdem ob Sie Angestellter oder Selbstständiger sind.

Der Auskunftszeitraum, wenn Sie Angestellter sind

Da bei Angestellten das Einkommen erfahrungsgemäß nicht so stark schwankt, ist der Auskunftszeitraum bei Angestellten relativ kurz. Für eine Unterhaltsberechnung benötigt Ihr Rechtsanwalt nur Angaben zu Ihrem Einkommen der letzten zwölf Monate. Sie sollten also für diesen Zeitraum Ihre Gehaltsabrechnungen zur Hand haben. Außerdem sollten Sie für diesen Zeitraum ermitteln, ob Sie Steuererstattungen hatten. Zum Beleg Ihrer Einnahmen und ggf. Steuererstattungen sollten Sie auch die Steuererklärungen und Steuerbescheide mitbringen. Sollten Sie andere Einnahmen haben, wie beispielsweise Kapitalerträge, Mieteinnahmen usw., braucht der Anwalt auch dazu Angaben und geeignete Belege.

Überlegungen, dass diese Angaben doch niemanden etwas angehen, führen nicht weiter. Die Mutter Ihrer Kinder hat einen Auskunftsanspruch, den sie sogar gerichtlich durchsetzen kann. Selbst wenn Sie mit Ihrer Frau die letzten Jahre über ständig steuerlich gemeinsam veranlagt waren, kann die Frau verlangen, dass Sie Auskunft erteilen. Das geht sogar so weit, dass die Auskunftspflicht selbst dann besteht, wenn die dazugehörigen Unterlagen sich noch in der Wohnung der Ex-Gattin befinden.

Sie helfen dem Anwalt, wenn sie die Belege chronologisch sortieren und bereits das ›Gesamt-Brutto‹ und das ›Gesamt-Netto‹ für diesen Zeitraum ausrechnen.

Der Auskunftszeitraum, wenn Sie selbstständig sind

Als Selbstständiger ist Ihr Einkommen stärkeren Schwankungen unterworfen. Damit man hier ein gerechteres Ergebnis erlangt, geht der Gesetzgeber davon aus, dass Selbstständige über einen längeren Zeitraum Auskunft erteilen müssen. Daher beträgt bei Selbstständigen der Auskunftszeitraum drei Jahre. Auch hier gilt, dass Sie sämtliche Einkommensarten zusammenstellen und durch geeignete Unterlagen belegen können sollten.

Was gilt, wenn Sie Schulden haben

Natürlich sollten Sie auch die Ausgaben belegen können. Dazu gehören insbesondere Darlehenslasten und andere Schuldverpflichtungen. In jedem Fall sollten Sie zwischen gewerblichen und privaten Schulden unterscheiden.

Besonderheiten bei der Photovoltaikanlage

Kaum ein ›Häuslebauer‹ verzichtete in den letzten Jahren auf eine Photovoltaikanlage. Daher erscheinen selbst bei Angestellten in den letzten Jahren immer wieder in den Unterhaltsberechnungen Einnahmen aus ›selbstständiger Tätigkeit‹. Deshalb gilt für Angestelle, die sonst nur für ein Jahr Auskunft erteilen müssten, dass sie auch für die zwei Jahre davor Auskunft über die Einnahmen aus der Photovoltaikanlage erteilen müssen.

Wer muss an wen zahlen

Geld ist nicht alles – aber ohne Geld ist alles nichts. Und das gilt natürlich auch nach einer Trennung. Denn dann müssen vom zunächst gleichen Geld zwei Haushalte finanziert werden. Und nach einer Weile – und insbesondere bei Einverdiener-Ehen – sinkt das Einkommen nach der Änderung der Steuerklasse noch einmal rapide. Auf diesen Zusammenhang müssen Sie vorbereitet sein. Deshalb werde ich zunächst darauf eingehen.

Was es mit der Steuer auf sich hat

Gegen steuerliche Gesetzmäßigkeiten können Sie nicht viel tun, außer sich darauf einzustellen. Nach einer Trennung bleibt bei der Lohnabrechnung erst einmal alles beim Alten. Oft schaffen es die auseinandergerissenen Familien in dieser Situation noch, finanziell einigermaßen über die Runden zu kommen. Das Geld wird knapper – wenn aber vernünftig gewirtschaftet und auf unvernünftige Ausgaben verzichtet wird, geht zunächst noch alles gut. Diese Situation ändert sich jedoch schlagartig mit dem 1. Januar des nächsten Jahres. Denn spätestens dann muss die Steuerklasse geändert werden. Aus der Steuerklasse 3 des Alleinverdieners wird meist die Steuerklasse 1. Die Abzüge steigen massiv. Normalverdiener haben plötzlich 300 bis 400 Euro weniger zum Leben. Es wird niemanden überraschen, dass spätestens jetzt das Geld bei den meisten Scheidungsfamilien knapp wird und schmerzhafter Verzicht erforderlich wird.

Dann stellt sich die Frage, ob Sie als Unterhaltszahler durch Trennung und Scheidung überhaupt keine Vorteile, sondern nur Nachteile haben. Tatsächlich können Sie auch einige steuerliche Vorteile in Anspruch nehmen.

So haben Ehepartner bereits während der Ehe das Recht, steuerlich zwischen getrennter und gemeinsamer Veranlagung zu wählen. Jeder kann also für sich eine Steuererklärung machen. Das kann durchaus sinnvoll sein, wenn die Eheleute ähnlich viel verdienen und auch sonst keine enge wirtschaftliche Verknüpfung gegeben ist. Stellen die Eheleute in der Steuererklärung einen entsprechenden Antrag, werden sie gemeinsam veranlagt. Dann wird die Einkommensteuer nach der Splittingtabelle berechnet. Dies hat zur Folge, dass das Einkommen beider Ehepartner zwischen den Eheleuten rechnerisch gleichmäßig verteilt wird. Dadurch können Steuerfreibeträge besser ausgenutzt und wegen der Progression der Steuersätze niedrigere Steuersätze genutzt werden. Oft müssen dann zusammengenommen weniger Steuern gezahlt werden, als dies bei getrennter Veranlagung der Fall wäre.

Voraussetzung für die Zusammenveranlagung ist, dass die Ehegatten nicht dauernd getrennt leben. In dem Jahr, in dem Sie sich getrennt haben, können Sie sich für das gesamte Jahr gemeinsam veranlagen lassen. Im Jahr, das auf das Trennungsjahr folgt, besteht diese Wahlmöglichkeit nicht mehr. Sie müssen sich dann getrennt von Ihrer Ex-Gattin veranlagen lassen.

BEISPIEL Hat sich Ihre Ex-Gattin Ende Januar 2008 von Ihnen getrennt, so können Sie sich für dieses gesamte Jahr gemeinsam veranlagen lassen. Es spielt insoweit auch keine Rolle, ob die Trennung beispielsweise am 2. Januar 2008 oder am 9. Dezember 2008 erfolgte. Ab 2009 erfolgt dann eine getrennte Veranlagung.

Übrigens: Ehepaare, die sich nach einer Trennung kurzfristig versöhnen, können sich dann für dieses Versöhnungsjahr wieder zusammen veranlagen. Wenn die Ex-Gattin mitspielt, bietet sich hier eine Möglichkeit, gestalterisch zu wirken. Falls jedoch jemand von der Finanzverwaltung auf die Idee kommt, dass eine solche ›Versöhnung‹ nur erfolgt ist, damit die Eheleute noch ein weiteres Jahr steuerliche Vorteile in Anspruch nehmen können, droht Ärger mit dem Finanzamt und ggf. sogar ein Steuerstrafverfahren. Aus juristischer Sicht muss daher dringend von so einem Winkelzug abgeraten werden. In jedem Fall sollten Sie die Einzelheiten rechtzeitig vorher mit einem Steuerberater abklären.

Derjenige, der Unterhalt an den geschiedenen oder an den getrennt lebenden Ehegatten zahlt, kann dies steuermindernd geltend machen. Als Unterhaltszahlender haben Sie die Wahl, diese Zahlungen entweder als Sonderausgaben (bis jährlich 13 805 Euro) oder als außergewöhnliche Belastungen (bis jährlich 7 680 Euro) anzugeben.

Sollen die Unterhaltszahlungen als Sonderausgaben geltend gemacht werden, so muss dies mit einer besonderen Erklärung oder einem Formular bei der Steuererklärung (›Anlage U‹) beantragt werden. Ihre Ex-Gattin muss als Unterhaltsempfängerin damit einverstanden sein. Gibt sie als Unterhaltsempfängerin ihre Zustimmung, dann hat dies auch zur Folge, dass sie diese Zahlungen versteuern muss. Daher muss sich der Unterhaltszahler verpflichten, alle steuerlichen und sonstigen wirtschaftlichen Nachteile auszugleichen.

Grundsätzlich kann nur der Unterhalt an den Ex-Partner steuerlich geltend gemacht werden. Nur in Ausnahmefällen kann auch Kindesunterhalt als außergewöhnliche Belastungen berücksichtigt werden.

Steuerlich können Sie Anwalts- und Gerichtskosten als außergewöhnliche Belastung (§ 33 EStG) bei der Steuererklärung geltend machen.

Oft entstehen durch den Umgang erhebliche Kosten. Nicht selten ist die Entfernung zwischen dem neuen Wohnort und dem der Ex-Gattin mit Kindern erheblich. Ob die Kosten des Umgangs steuerlich als außergewöhnliche Belastungen bei der Steuererklärung geltend gemacht werden können, ist noch unklar. Derzeit läuft ein Verfahren vor dem Oberfinanzhof. Es ist durchaus wahrscheinlich, dass das Gericht der Klage stattgeben wird. Bis dieses Verfahren entschieden ist, sollten Sie vorsorgen, Ihre Aufwendungen dokumentieren und die entsprechenden Belege (z. B. Fahrkarten, Tankquittungen) vorsorglich sammeln. Das ergibt aber nur Sinn, wenn Sie diese Kosten ab sofort in der Steuererklärung unter der Rubrik ›außergewöhnliche Belastungen‹ geltend machen. Das für Sie zuständige Finanzamt wird diese Frage bis zur Entscheidung ruhen lassen.

Unterhaltsrechtlich maßgebendes Einkommen

Die Höhe der Unterhaltspflicht ist unter anderem vom Einkommen abhängig. Der erste Schritt ist daher immer – wie oben dargestellt – die Ermittlung des Einkommens. Leider ist bei der Unterhaltsberechnung Einkommen nicht gleich Einkommen. So muss bei der Ermittlung und Zurechnung von Einkommen unterschieden werden, je nachdem, ob es um Kindes- oder Ehegattenunterhalt geht. Außerdem gilt: Das unterhaltsrechtliche Einkommen ist nicht immer identisch mit dem steuerrechtlichen Einkommen.

Geldeinnahmen

Auszugehen ist vom Bruttoeinkommen als Summe aller Einkünfte.

Soweit Leistungen nicht monatlich anfallen (z.B. Weihnachts- und Urlaubsgeld), werden sie auf ein Jahr umgelegt. Einmalige Zahlungen (z.B. Abfindungen) werden auf einen angemessenen Zeitraum (in der Regel mehrere Jahre) verteilt.

Überstundenvergütungen werden dem Einkommen voll zugerechnet, soweit sie berufstypisch sind und das in diesem Beruf übliche Maß nicht überschreiten.

Ersatz für Spesen und Reisekosten sowie Auslösungen gelten in der Regel als Einkommen. Damit zusammenhängende Aufwendungen, vermindert um häusliche Ersparnisse, sind jedoch abzuziehen. Aufwendungspauschalen, die Sie vom Arbeitgeber erhalten (außer Kilometergeld), müssen Sie berücksichtigen. Sie müssen sich allerdings nur 1/3 als Einkommen anrechnen lassen.

Bei der Ermittlung des zukünftigen Einkommens eines Selbständigen ist in der Regel der Gewinn der letzten drei Jahre zugrunde zu legen.

Keine Regel gilt allerdings ohne Ausnahmen. Ereignet sich also beispielsweise etwas Ungewöhnliches wie zum Beispiel eine Unternehmensinsolvenz oder eine schwere und länger währende Krankheit, müssen im Einzelfall andere Grundlagen für das zukünftige Einkommen herangezogen werden.

Als Einkommen aus Vermietung und Verpachtung sowie aus Kapitalvermögen gilt nur die Differenz zwischen den Bruttoeinkünften und den Werbungskosten. Bei Einnahmen aus Vermietung ist für die jeweiligen Gebäude allerdings keine Abschreibung (AfA) in Abzug zu bringen.

Steuerzahlungen oder Erstattungen sind in der Regel im Kalenderjahr der tatsächlichen Leistung zu berücksichtigen.

Sonstige Einnahmen wie z.B. Trinkgelder sind ebenfalls zu berücksichtigen. In der Regel gibt es da immer Schwierigkeiten, da die Höhe des Trinkgeldes extrem schwanken kann. Es gibt auch in der Gastronomie Jobs, bei denen das Trinkgeld kaum eine Rolle spielt (in der Küche oder hinter der Theke). Bei anderen Jobs überwiegen die Einnahmen aus Trinkgeldern den sonstigen Lohn erheblich. Das ist z.B. bei der Bedienung in Bierzelten der Fall.

Arbeitslosengeld und Krankengeld sind Einkommen. Das ist bei Leistungen zur Sicherung des Lebensunterhalts nach §§ 19 ff. SGB II (sogenanntes Arbeitslosengeld 2 bzw. Hartz IV) anders. Dabei handelt es sich nicht um Einkommen. Es gibt aber Ausnahmen, etwa wenn die Nichtberücksichtigung der Leistungen in Ausnahmefällen treuwidrig wäre.

Wohngeld ist Einkommen, sofern es nicht erhöhte Wohnkosten deckt.

BAföG-Leistungen sind in der Regel Einkommen, auch wenn sie als Darlehen gewährt werden.

Elterngeld ist Einkommen, wenn es über den Sockelbetrag in Höhe von 300 Euro, bei verlängertem Bezugsrecht über 150 Euro hinausgeht. Der Sockelbetrag und das Bundeserziehungsgeld sind in der Regel kein Einkommen.

Unfallrenten sind Einkommen.

Leistungen aus der Pflegeversicherung, Blindengeld, Versorgungsrenten, Schwerbeschädigten- und Pflegezulagen nach Abzug eines Betrags für tatsächliche Mehraufwendungen sind Einkommen. Besonderheiten im Einzelfall sind aber zu beachten.

Bezieht jemand Pflegegeld, dann ist der Anteil zu berücksichtigen, durch den die Bemühungen der Pflegeperson abgegolten werden.

Kein Einkommen sind der Sozialhilfe nach SGB XII sowie Leistungen nach dem Unterhaltsvorschussgesetz (UVG). Die Unterhaltsforderung eines Empfängers dieser Leistungen kann in Ausnahmefällen treuwidrig sein.

Geldwerte Zuwendungen aller Art des Arbeitgebers, z.B. Firmenwagen oder freie Kost und Logis, sind Einkommen, sofern sie entsprechende Eigenaufwendungen ersparen.

Viele Missverständnisse um den Wohnwert

Der Wohnvorteil durch mietfreies Wohnen im eigenen Heim ist als wirtschaftliche Nutzung des Vermögens unterhaltsrechtlich wie Einkommen zu behandeln. Es schockiert erfahrungsgemäß manchen Eigenheimkäufer, der sich oft jahrelang jeden Bissen vom Mund abgespart hat, wenn er sich die Nutzung seines Hauses wie Einkommen anrechnen lassen muss. Das gilt vermehrt, wenn die Streitereien um Geldausgaben und Schulden einen guten Teil zum Scheitern der Beziehung und zur Trennung beigetragen haben und die Ex-Gattin mit den Kindern über Nacht ausgezogen ist und den Hausbesitzer in seinem nun viel zu großen Haus alleine gelassen hat. Leider können Sie sich in dieser Situation nicht darauf berufen, dass Ihnen der Wohnwert ›aufgedrängt‹ wurde. In einer solchen Situation werden Sie quasi unterhaltsrechtlich gezwungen, aus der Wohnung auszuziehen und sich eine Mietwohnung zu nehmen.

Auszugehen ist vom vollen Mietwert. Nur wenn es nicht möglich oder nicht zumutbar ist, die Wohnung aufgeben und das Objekt zu vermieten oder zu veräußern, kann stattdessen die ersparte Miete angesetzt werden, die angesichts der wirtschaftlichen Verhältnisse angemessen wäre. Dies kommt insbesondere für die Zeit bis zur Scheidung in Betracht, wenn ein Ehegatte das Eigenheim allein bewohnt. Die Einzelheiten sollten Sie ggf. mit Ihrem Anwalt klären.

Ein Wohnvorteil liegt allerdings nur vor, wenn der Wohnwert den berücksichtigungsfähigen Schuldendienst, erforderliche Instandhaltungskosten und die verbrauchsunabhängigen Kosten, mit denen ein Mieter üblicherweise nicht belastet wird, übersteigt. Auch hier besteht ein erheblicher Klärungsbedarf.

Neben dem Wohnwert sind übrigens auch Zahlungen nach dem Eigenheimzulagengesetz als Einkommen anzusetzen.

Wenn die Ex-Gattin dem Neuen den Haushalt führt

Führt jemand einem leistungsfähigen Dritten den Haushalt, so ist hierfür ein Einkommen anzusetzen; bei Haushaltsführung durch einen Nichterwerbstätigen geschieht das in der Regel mit einem Betrag von 200 bis 550 Euro. Was gilt, wenn die Frau teilerwerbsfähig ist, bleibt einem Richter überlassen. Und Ihnen bzw. der Argumentationskraft Ihres Anwalts.

Was nicht als Einkommen gilt

Kindergeld wird nicht zum Einkommen der Eltern gerechnet.

Einkommen aus unzumutbarer Erwerbstätigkeit kann nach Billigkeit ganz oder teilweise unberücksichtigt bleiben.

Freiwillige Zuwendungen Dritter (z.B. Geldleistungen, kostenloses Wohnen) sind als Einkommen zu berücksichtigen, wenn dies dem Willen des Dritten entspricht.

Wenn einer weniger verdient, als er könnte

Die Gerichte stellen das mit einem kurzen Satz klar: Einkommen können auch aufgrund einer unterhaltsrechtlichen Obliegenheit erzielbare Einkünfte sein. Dieser Satz birgt ganz erhebliches Konfliktpotenzial. Er bedeutet nicht mehr und nicht weniger, als dass jemand, der (freiwillig oder unfreiwillig) weniger verdient, als er könnte, so behandelt wird, als würde er mehr verdienen. Das gilt sowohl für den Unterhaltspflichtigen als auch für den Unterhaltsbedürftigen.

Was von den Einnahmen abgezogen werden kann ...

Vom Bruttoeinkommen sind Steuern, Sozialabgaben und/oder angemessene Vorsorgeaufwendungen abzusetzen. Es gilt also zunächst einmal das Nettoeinkommen. Dieses müssen Sie allerdings ermitteln, indem Sie das ganze Jahreseinkommen heranziehen und unter Berücksichtigung aller Sozialversicherungsabzüge und Steuerabzüge ein ›Gesamt-Netto‹ bilden.

Sie sind gehalten, sämtliche möglichen Steuervorteile in Anspruch zu nehmen (z.B. Eintragung eines Freibetrags bei Fahrtkosten, für unstreitigen oder titulierten Unterhalt). Das bedeutet: Wer es versäumt, solche Vorteile zu erwirtschaften, wird unterhaltsrechtlich so behandelt, als würde er die Vorteile in Anspruch nehmen.

Berufsbedingte Aufwendungen, die sich von den privaten Lebenshaltungskosten nach objektiven Merkmalen eindeutig abgrenzen lassen, sind im Rahmen des Angemessenen vom Nettoeinkommen aus unselbstständiger Arbeit abzuziehen. Bei Vorliegen entsprechender Anhaltspunkte kann eine Pauschale von 5% des Nettoeinkommens angesetzt werden. Übersteigen die berufsbedingten Aufwendungen die Pauschale, so sind sie im Einzelnen darzulegen. Bei beschränkter Leistungsfähigkeit kann im Einzelfall nur mit konkreten Kosten gerechnet werden.

Für die berufsbedingte Nutzung eines Kraftfahrzeugs kann derzeit ein Betrag von 0,30 Euro pro gefahrenem Kilometer angesetzt werden. Bei langen täglichen Fahrtstrecken (ab ca. 30 km einfach) kann nach unten abgewichen werden (für die Mehr-Kilometer in der Regel 0,20 Euro).

Bei einem Auszubildenden sind i.d.R. 90 Euro als ausbildungsbedingter Aufwand abzuziehen. Das darüber hinausgehende Einkommen ist vollständig Einkommen.

Kinderbetreuungskosten sind abzugsfähig, sofern die Betreuung durch Dritte infolge der Berufstätigkeit erforderlich ist. Außerdem kann ein Kinderbetreuungsbonus angesetzt werden.

Berücksichtigungswürdige Schulden (Zins und Tilgung) sind abzuziehen; die Abzahlung soll im Rahmen eines vernünftigen Tilgungsplanes in angemessenen Raten erfolgen. Bei der Zumutbarkeitsabwägung sind Interessen des Unterhaltsschuldners, des Drittgläubigers und des Unterhaltsgläubigers, vor allem minderjähriger Kinder, mit zu berücksichtigen.

Ist jemand überschuldet, kann die Pflicht bestehen, zur Verbesserung seiner Leistungsfähigkeit ein Verbraucherinsolvenzverfahren einzuleiten.

Auch nachträglich entstandene vorrangige und gleichrangige Unterhaltsleistungen, jedenfalls gegenüber Kindern, sind bei der Bedarfsermittlung zu berücksichtigen.

Auch vermögensbildende Aufwendungen, etwa zur Altersvorsorge, sind im angemessenen Rahmen abzugsfähig.

Wer bekommt wie viel von wem

Weil der berühmte Kuchen nur einmal aufgegessen werden kann, kommt es auf die Verteilung an. Und das ist das Thema der Unterhaltsansprüche.

»Für meine Kinder zahle ich gerne, für meine Ex aber nicht!« Solche Äußerungen fallen in der anwaltlichen Beratungspraxis oft. An dieser Stelle gleich ein wichtiger Rat: Vergessen Sie solche Vorbehalte. Geld, das an die »Ex« gelangt, kommt direkt oder indirekt immer auch Ihren Kindern zugute. Wenn die Ex-Gattin das Geld nicht an die Kinder weitergibt, sondern sich ein schönes Leben macht, dann ist es weitgehend egal, ob es sich dabei um Kindesunterhalt oder um Ehegattenunterhalt handelt.

Bei der Unterhaltsberechnung erfolgt immer zuerst eine Berücksichtigung der Kinder. Das, was vom anrechenbaren Einkommen übrig bleibt, kann zwischen dem unterhaltspflichtigen Vater und der Ex-Gattin aufgeteilt werden.

Aus diesem Grunde wenden wir uns nachstehend zunächst dem Kindesunterhalt zu.

Kindesunterhalt

Unterhalt kann auf verschiedene Weise gewährt werden. Da das manchmal übersehen wird, ein Hinweis: Auch ein Dach über dem Kopf, Nahrung und Kleidung sind eine Form von Unterhalt. Man spricht insoweit auch von ›Natural-Unterhalt‹. Eine andere Form ist der Barunterhalt. Grundsätzlich sind beide Eltern unterhaltspflichtig. Derjenige, bei dem das Kind nicht lebt, ist barunterhaltspflichtig, solange das Kind nicht volljährig ist. Aus diesem Grunde muss bei der Unterhaltsberechnung zwischen minderjährigen und volljährigen Kindern unterschieden werden.

Kindesunterhalt für minderjährige Kinder

Der Barunterhalt minderjähriger und noch im elterlichen Haushalt lebender volljähriger unverheirateter Kinder bestimmt sich nach den Sätzen der Düsseldorfer Tabelle.

Bei minderjährigen Kindern kann er als Festbetrag oder als Prozentsatz des jeweiligen Mindestunterhalts geltend gemacht werden.

Die Tabellensätze der Düsseldorfer Tabelle enthalten keine Kranken- und Pflegeversicherungsbeiträge für das Kind, wenn dieses nicht in einer gesetzlichen Familienversicherung mitversichert ist. Das Nettoeinkommen des Verpflichteten ist um solche zusätzlich zu zahlenden Versicherungskosten zu bereinigen.

Die Tabellensätze sind auf den Fall zugeschnitten, dass der Unterhaltspflichtige drei Unterhaltsberechtigten Unterhalt zu gewähren hat. Das wären Mutter und zwei Kinder. Bei einer größeren oder geringeren Anzahl Unterhaltsberechtigter sind i.d.R. Ab- oder Zuschläge durch Einstufung in eine niedrigere oder höhere Einkommensgruppe vorzunehmen. Die Einzelheiten müssen Sie mit Ihrem Rechtsanwalt klären.

Für minderjährige Kinder braucht der betreuende Elternteil neben dem anderen Elternteil in der Regel keinen Barunterhalt zu leisten, es sei denn, sein Einkommen ist bedeutend höher als das des anderen Elternteils.

Einkommen des Kindes – etwa Zinserträge oder Miete aus einer Immobilie – wird bei beiden Eltern hälftig angerechnet.

Lebt das Kind nicht bei seiner Mutter, sind beide Eltern zum Barunterhalt verpflichtet, haften sie anteilig für den Gesamtbedarf. Die Anteile orientieren sich am Einkommen. Der Verteilungsschlüssel kann aber durch den Richter unter Berücksichtigung des Betreuungsaufwandes wertend verändert werden.

Kindesunterhalt für volljährige Kinder

Bei volljährigen Kindern ist zu unterscheiden, ob sie noch im Haushalt der Eltern/eines Elternteils leben oder einen eigenen Hausstand haben.

Für volljährige Kinder, die noch im Haushalt der Eltern oder eines Elternteils wohnen, gilt die Altersstufe 4 der Düsseldorfer Tabelle.

Sind beide Elternteile leistungsfähig, ist der Bedarf des Kindes in der Regel nach dem zusammengerechneten Einkommen zu bemessen. Ein Elternteil hat höchstens den Unterhalt zu leisten, der sich allein aus seinem Einkommen aus der Düsseldorfer Tabelle ergibt.

Der angemessene Bedarf eines volljährigen Kindes mit eigenem Hausstand beträgt in der Regel monatlich 640 Euro (darin sind enthalten Kosten für Unterkunft und Heizung bis zu 270 Euro), ohne Beiträge zur Kranken- und Pflegeversicherung sowie Studiengebühren.

Von diesem Betrag kann bei erhöhtem Bedarf oder mit Rücksicht auf die Lebensstellung der Eltern abgewichen werden.

Auf den Unterhaltsbedarf werden Einkünfte des Kindes, auch das Kindergeld, BAföG-Darlehen und Ausbildungsbeihilfen angerechnet.

Die Düsseldorfer Tabelle

Stand: 1.1.2008

	Nettoeinkommen des Barunterhaltspflichtigen (Anm. 3, 4)	Altersstufen in Jahren (§ 1612 a Abs. 1 BGB)				Prozentsatz	Bedarfskontrollbetrag (Anm. 6)
		0–5	6–11	12–17	ab 18		
1.	bis 1 500	279	322	365	408	100	770/900
2.	1 501 – 1 900	293	339	384	429	105	1 000
3.	1 901 – 2 300	307	355	402	449	110	1 100
4.	2 301 – 2 700	321	371	420	470	115	1 200
5.	2 701 – 3 100	335	387	438	490	120	1 300
6.	3 101 – 3 500	358	413	468	523	128	1 400
7.	3 501 – 3 900	380	438	497	555	136	1 500
8.	3 901 – 4 300	402	464	526	588	144	1 600
9.	4 301 – 4 700	425	490	555	621	152	1 700
10.	4 701 – 5 100	447	516	584	653	160	1 800
	ab 5 101	nach den Umständen des Falles					

Alle Beträge in Euro

Anmerkungen

1. Die Tabelle hat keine Gesetzeskraft, sondern stellt eine Richtlinie dar. Sie weist den monatlichen Unterhaltsbedarf aus, bezogen auf drei Unterhaltsberechtigte, ohne Rücksicht auf den Rang. Der Bedarf ist nicht identisch mit dem Zahlbetrag; dieser ergibt sich unter Berücksichtigung der nachfolgenden Anmerkungen.

Bei einer größeren/geringeren Anzahl Unterhaltsberechtigter können Ab- oder Zuschläge durch Einstufung in niedrigere/höhere Gruppen angemessen sein. Anmerkung 6 ist zu beachten. Zur Deckung des notwendigen Mindestbedarfs aller Beteiligten – einschließlich des Ehegatten – ist gegebenenfalls eine Herabstufung bis in die unterste Tabellengruppe vorzunehmen. Reicht das verfügbare Einkommen auch dann nicht aus, setzt sich der Vorrang der Kinder im Sinne von Anm. 5 Abs. 1 durch. Gegebenenfalls erfolgt zwischen den erstrangigen Unterhaltsberechtigten eine Mangelberechnung nach Abschnitt C.

2. Die Richtsätze der 1. Einkommensgruppe entsprechen dem Mindestbedarf in Euro gemäß § 1612 a BGB i.V.m. § 36 Nr. 4 EGZPO. Der Prozentsatz drückt die Steigerung des Richtsatzes der jeweiligen Einkommensgruppe gegenüber dem Mindestbedarf (= 1. Einkommensgruppe) aus. Die durch Multiplikation des nicht gerundeten Mindestbedarfs mit dem Prozentsatz errechneten Beträge sind entsprechend § 1612 a Abs. 2 S. 2 BGB aufgerundet.

3. Berufsbedingte Aufwendungen, die sich von den privaten Lebenshaltungskosten nach objektiven Merkmalen eindeutig abgrenzen lassen, sind vom Einkommen abzuziehen, wobei bei entsprechenden Anhaltspunkten eine Pauschale von 5% des Nettoeinkommens – mindestens 50 Euro, bei geringfügiger Teilzeitarbeit auch weniger, und höchstens 150 Euro monatlich – geschätzt werden kann. Übersteigen die berufsbedingten Aufwendungen die Pauschale, sind sie insgesamt nachzuweisen.

4. Berücksichtigungsfähige Schulden sind in der Regel vom Einkommen abzuziehen.

5. Der notwendige Eigenbedarf (Selbstbehalt) – gegenüber minderjährigen unverheirateten Kindern, – gegenüber volljährigen unverheirateten Kindern bis zur Vollendung des 21. Lebensjahres, die im Haushalt der Eltern oder eines Elternteils leben und sich in der allgemeinen Schulausbildung befinden, beträgt beim nicht erwerbstätigen Unterhaltspflichtigen monatlich 770 Euro, beim erwerbstätigen Unterhaltspflichtigen monatlich 900 Euro. Hierin sind bis 360 Euro für Unterkunft einschließlich umlagefähiger Nebenkosten und Heizung (Warmmiete) enthalten. Der Selbstbehalt kann angemessen erhöht werden, wenn dieser Betrag im Einzelfall erheblich überschritten wird und dies nicht vermeidbar ist.

Der angemessene Eigenbedarf, insbesondere gegenüber anderen volljährigen Kindern, beträgt in der Regel mindestens 1100 Euro monatlich. Darin ist eine Warmmiete bis 450 Euro enthalten.

Der Bedarfskontrollbetrag des Unterhaltspflichtigen ab Gruppe 2 ist nicht identisch mit dem Eigenbedarf. Er soll eine ausgewogene Verteilung des Einkommens zwischen dem Unterhaltspflichtigen und den unterhaltsberechtigten Kindern gewährleisten. Wird er unter Berücksichtigung anderer Unterhaltspflichten unterschritten, ist der Tabellenbetrag der nächsten, niedrigeren Gruppe, deren Bedarfskontrollbetrag nicht unterschritten wird, anzusetzen.

6. Bei volljährigen Kindern, die noch im Haushalt der Eltern oder eines Elternteils wohnen, bemisst sich der Unterhalt nach der 4. Altersstufe der Tabelle.

Der angemessene Gesamtunterhaltsbedarf eines Studierenden, der nicht bei seinen Eltern oder einem Elternteil wohnt, beträgt in der Regel monatlich 640 Euro. Hierin sind bis 270 Euro für Unterkunft einschließlich umlagefähiger Nebenkosten und Heizung (Warmmiete) enthalten. Dieser Bedarfssatz kann auch für ein Kind mit eigenem Haushalt angesetzt werden.

7. Die Ausbildungsvergütung eines in der Berufsausbildung stehenden Kindes, das im Haushalt der Eltern oder eines Elternteils wohnt, ist vor ihrer Anrechnung in der Regel um einen ausbildungsbedingten Mehrbedarf von monatlich 90 Euro zu kürzen.

8. In den Bedarfsbeträgen (Anmerkungen 1 und 7) sind Beiträge zur Kranken- und Pflegeversicherung sowie Studiengebühren nicht enthalten.

9. Das auf das jeweilige Kind entfallende Kindergeld ist nach § 1612b BGB auf den Tabellenunterhalt (Bedarf) anzurechnen.

Wie viel nach Abzug des Kindergeldes an die Ex-Frau gezahlt werden muss

Auf die Unterhaltszahlungspflicht wird das Kindergeld angerechnet. Dabei kommt es zu einer Aufteilung. Wenn die Leistungsfähigkeit des Unterhaltspflichtigen nicht besonders hoch ist, kommt es allerdings nicht zu einer hälftigen Aufteilung. Die folgenden Tabellen enthalten die sich nach Abzug des jeweiligen Kindergeldanteils (hälftiges Kindergeld bei Minderjährigen, volles Kindergeld bei Volljährigen) ergebenden Zahlbeträge. Für das 1. bis 3. Kind beträgt das Kindergeld derzeit 154 Euro, ab dem 4. Kind 179 Euro.

	1. bis 3. Kind	0–5	6–11	12–17	ab 18	%
1.	bis 1 500	202	245	288	254	100
2.	1 501 – 1 900	216	262	307	275	105
3.	1 901 – 2 300	230	278	325	295	110
4.	2 301 – 2 700	244	294	343	316	115
5.	2 701 – 3 100	258	310	361	336	120
6.	3 101 – 3 500	281	336	391	369	128
7.	3 501 – 3 900	303	361	420	401	136
8.	3 901 – 4 300	325	387	449	434	144
9.	4 301 – 4 700	348	413	478	467	152
10.	4 701 – 5 100	370	439	507	499	160
					Alle Beträge in Euro	

Ab dem vierten Kind:

	4. Kind	0–5	6–11	12–17	ab 18	%
1.	bis 1 500	189,50	232,50	275,50	229	100
2.	1 501 – 1 900	203,0	249,50	294,50	250	105
3.	1 901 – 2 300	217,50	265,50	312,50	270	110
4.	2 301 – 2 700	231,50	281,50	330,50	291	115
5.	2 701 – 3 100	245,50	297,50	348,50	311	120
6.	3 101 – 3 500	268,50	323,50	378,50	344	128
7.	3 501 – 3 900	290,50	348,50	407,50	376	136
8.	3 901 – 4 300	312,50	374,50	436,50	409	144
9.	4 301 – 4 700	335,50	400,50	465,50	442	152
10.	4 701 – 5 100	357,50	426,50	494,50	474	160
					Alle Beträge in Euro	

Nachdem Sie erfahren haben, in welchem Umfang Sie für Ihre Kinder zahlen müssen, stellt sich nun die Frage, wie viel Unterhalt die Ex-Gattin von Ihnen beanspruchen kann. Zunächst einmal ist klarzustellen: Sie kann nicht in jedem Fall und zeitlich in aller Regel nur begrenzt Unterhalt von Ihnen verlangen. Und Sie muss ab einem bestimmten Alter der Kinder hinzuverdienen oder finanziell sogar ganz für sich alleine sorgen.

Wann die Ex-Gattin nach der Trennung Unterhalt beanspruchen kann

Eine Ehe ist eine Schicksalsgemeinschaft. Bereits mit der Trennung wird diese Gemeinschaft weitgehend aufgehoben. Die Trennung bedeutet dabei nicht zwangsläufig, dass einer der Ehepartner aus der gemeinsamen Wohnung auszieht. Eine Trennung kann auch in der vormals gemeinsamen ehelichen Wohnung stattfinden, wenn die Ehepartner keine Gemeinsamkeiten mehr haben. Gemeint ist die viel zitierte Trennung von Tisch und Bett. Der Tisch steht dabei für die wirtschaftlichen Gemeinsamkeiten. Jeder der Ehepartner muss bei einer Trennung zukünftig für sich selbst wirtschaften, das heißt, sein Geld selbst verwalten, einkaufen, den Haushalt führen und Ausgaben verantworten.

Das Bett meint dabei nicht nur die sexuellen Gemeinsamkeiten, sondern auch andere Bereiche, die eine Zweierbeziehung ausmachen, wie soziale Unternehmungen und Freizeitgestaltung. Wenn Sie mit Ihrer einstigen Partnerin praktisch nichts mehr zu tun haben und sich die Gemeinsamkeiten auf die Absprachen beschränken, die hinsichtlich der Kinder nötig sind, liegt eine Trennung vor.

Nach einer Trennung gibt es nur noch eine sehr eingeschränkte eheliche Loyalität. Sind beide Partner gesund und haben sie einen Job, der sie ernährt, muss keiner mehr für den anderen aufkommen. Sobald aber einer der beiden nicht voll in der Lage ist, für sich zu sorgen, entsteht ein Unterhaltsanspruch.

Das ist auch der Fall, wenn einer der Ehepartner während der Ehe auf eine eigene Erwerbstätigkeit verzichtet hat, etwa um für den Haushalt zu sorgen. Nach der Trennung beginnt in der Hinsicht eine Phase, in der dieser Partner sich umorientieren muss. Zunächst gestehen ihm aber die Gerichte zu, sich auf Kosten des leistungsfähigeren Partners auf die neue Situation einstellen zu können.

Je länger der Zeitpunkt der Trennung zurückliegt, desto größer werden die Anforderungen an den Unterhaltsberechtigten, sich eine Arbeit zu suchen und selbst für sich zu sorgen. Spätestens mit der Scheidung ist es damit völlig vorbei. Das bedeutet zunächst, dass nach der Scheidung jeder für seinen Lebensbedarf selbst aufkommen muss. Das bedeutet aber auch, dass der Trennungsunterhalt eine variable Größe ist. Unmittelbar nach der Trennung muss ein Ehepartner, der bisher nicht berufstätig war, nicht sofort voll arbeiten. Nach einiger Zeit und mit zunehmendem zeitlichem Abstand zur Trennung steigt jedoch die sogenannte Erwerbsobliegenheit. Das bedeutet, dass der Ehepartner sich einen Job suchen und arbeiten gehen muss. Geschieht das nicht, kann der Unterhalt trotzdem gekürzt werden.

Keine Regel ohne Ausnahme. Die wichtigste Ausnahme ist gegeben, wenn es Kinder gibt, die noch so klein sind, dass sie betreut werden müssen. Dann kann die Ex Betreuungsunterhalt verlangen.

Bei der Berechnung des Trennungsunterhalts muss also zunächst berücksichtigt werden, wie lange die Trennung zurückliegt. Danach muss ermittelt werden, ob und in welchem Umfang für gemeinsame Kinder Unterhalt gezahlt werden muss. Denn von dem verbleibenden Resteinkommen, von dem der Unterhaltspflichtige ja auch leben muss, kann die Ex nur dann etwas abbekommen, wenn etwas übrig bleibt.

Bei der Berechnung des Trennungsunterhalts muss man also vorher eine Vorstellung haben, wie viel Kindesunterhalt gezahlt werden muss.

Die Berechnung des Ehegattenunterhalts

Bei der Bedarfsbemessung darf nur eheprägendes Einkommen berücksichtigt werden. Eheprägend sind alle Umstände, die bereits während der Ehe eine Rolle gespielt haben. Hat also jemand sich eine Erwerbstätigkeit gesucht, die er nur aufgrund einer während der Ehe betriebenen Fortbildungsmaßnahme antreten kann, dann ist das höhere Einkommen praktisch immer eheprägend.

Es gilt grundsätzlich der Halbteilungsgrundsatz, wobei jedoch Erwerbseinkünfte nur zu 90 % zu berücksichtigen sind. Der Unterhaltsberechtigte erhält jedoch einen Erwerbstätigenbonus von 1/10 des bereinigten Nettoeinkommens zugesprochen.

Leistet ein Ehegatte auch Unterhalt für ein unterhaltsberechtigtes Kind, wird sein Einkommen vor Ermittlung des Erwerbstätigenbonus um den Kindesunterhalt bereinigt.

Erbringt der Verpflichtete sowohl Bar- als auch Betreuungsunterhalt, kommt ein Betreuungsbonus in Betracht. Das spielt immer dann eine Rolle, wenn die Kinder nicht nur alle zwei Wochen am Wochenende, sondern häufiger und auch unter der Woche regelmäßig bei Ihnen sind.

Werden Altersvorsorge-, Kranken- und Pflegeversicherungskosten vom Berechtigten gesondert geltend gemacht oder vom Verpflichteten bezahlt, sind diese vom Einkommen des Pflichtigen vorweg abzuziehen. Der Vorwegabzug unterbleibt, soweit nicht verteilte Mittel zur Verfügung stehen, z.B. durch Anrechnung nicht prägenden Einkommens des Berechtigten auf seinen Bedarf.

Eigene Einkünfte des Berechtigten sind auf den Bedarf anzurechnen, wobei das bereinigte Nettoerwerbseinkommen um den Erwerbstätigenbonus zu vermindern ist.

Wann die Ex-Gattin wieder arbeiten muss

Wie bereits erwähnt, muss die Ex-Gattin sich bereits unmittelbar nach der Trennung umorientieren und sich einen Job und ein Auskommen suchen. Bei Betreuung eines Kindes kann bis zur Vollendung des 3. Lebensjahrs eine Erwerbstätigkeit nicht erwartet werden. Danach besteht eine Erwerbsobliegenheit nach den Umständen des Einzelfalls. Seit einer Reform des Unterhaltsrechts im Jahr 2007 sind die Anforderungen an die betreuenden Elternteile gestiegen. So wird seit der Neuregelung keineswegs ein abrupter, übergangsloser Wechsel von der elterlichen Betreuung zu Vollzeiterwerbstätigkeit verlangt. Im Interesse des Kindeswohls wird vielmehr auch künftig ein gestufter Übergang möglich sein.

In der Regel besteht für den Berechtigten im ersten Jahr nach der Trennung keine Obliegenheit zur Aufnahme oder Ausweitung einer Erwerbstätigkeit.

Welche Unterhaltsansprüche es noch gibt

Außer den Unterhaltsverpflichtungen für die Ex-Gattin und die Kinder gibt es noch weitere Unterhaltsverpflichtungen.

Der Unterhaltsanspruch der Mutter des nicht ehelichen Kindes

Für Kinder muss jeder Mann zahlen – dabei ist es erst einmal nicht von Bedeutung, ob der Mann mit der Mutter verheiratet ist oder nicht. Das Gesetz sieht aber auch für die Mutter eines nicht ehelich geborenen Kindes einen eigenen Unterhaltsanspruch vor. Dieser Anspruch orientiert sich der Höhe nach an der Lebensstellung des betreuenden Elternteils. Er beträgt mindestens 770 Euro. Grundsätzlich besteht dieser Unterhaltsanspruch nur drei Jahre lang. Die Gerichte machen hier allerdings Ausnahmen. Daher sollten Sie sich unbedingt anwaltlich beraten lassen.

Der Unterhaltsanspruch in der Lebenspartnerschaft

Für homosexuelle Paare, die ihre Lebenspartnerschaft beim Standesamt haben registrieren lassen, gelten ebenfalls Unterhaltsansprüche. Ich empfehle Ihnen auch hier den Gang zum Anwalt, um sich informieren zu lassen.

Der Selbstbehalt:
So viel dürfen Sie für sich behalten

Die Frage, wie viel der Vater für sich behalten darf, ist gleichzeitig die Frage, wie viel an die Kinder und an die Ex-Gattin gezahlt werden muss, wenn das Einkommen nicht ausreicht, um sämtliche Unterhaltpflichten zu erfüllen.

Bei jeder Unterhaltsberechnung muss am Schluss für den Unterhaltspflichtigen genug zum Leben übrig bleiben. Hier geht es um den sogenannten Selbstbehalt. Leider wird der Selbstbehalt erschreckend niedrig angesetzt. Beispielsweise Schuldentilgung oder auch nur die Finanzierung eines eigenen Kraftfahrzeuges ist kaum möglich.

Beim sogenannten Selbstbehalt ist zu unterscheiden zwischen dem notwendigen und dem angemessenen Selbstbehalt.

Für Eltern gilt gegenüber minderjährigen Kindern im Allgemeinen der notwendige Selbstbehalt als unterste Grenze der Inanspruchnahme. Der notwendige Selbstbehalt beträgt

▸ beim Nichterwerbstätigen 770 Euro,
▸ beim Erwerbstätigen 900 Euro.

Hierin sind Kosten für Unterkunft und Heizung in Höhe von 360 Euro enthalten.

Diese Kosten für Unterkunft und Heizung spielen insbesondere auch dann eine Rolle, wenn die Unterkunftskosten geringer sind, etwa weil der Unterhaltsverpflichtete von Dritten Unterkunft und Heizung kostenlos gestellt bekommt. Das bedeutet, dass sich die Unterhaltspflicht erhöhen kann, wenn der Unterhaltsverpflichtete kostenlos etwa bei seinen Eltern wohnt.

Im Übrigen gilt beim Verwandtenunterhalt der angemessene Selbstbehalt. Er beträgt gegenüber volljährigen Kindern 1 100 Euro. Hierin sind Kosten für Unterkunft und Heizung in Höhe von 450 Euro enthalten.

Gegenüber der Mutter des nicht ehelichen Kindes beträgt der Selbstbehalt in der Regel 1 000 Euro.

Gegenüber Eltern beträgt der Selbstbehalt mindestens 1 400 Euro, wobei die Hälfte des diesen Mindestbetrag übersteigenden Einkommens zusätzlich anrechnungsfrei bleibt. Verdient also jemand 2 000 Euro netto, muss er aus einem Einkommensanteil von 1 400 Euro keinen Unterhalt zahlen. Aus der Differenz von 600 Euro kann er lediglich zu einem Anteil von 300 Euro zur Zahlung von Unterhalt herangezogen werden. In dem Selbstbehalt von 1 400 Euro sind Kosten für Unterkunft und Heizung in Höhe von 450 Euro enthalten. Das bedeutet, dass bei niedrigeren Kosten für Unterkunft und Heizung eine höhere Unterhaltspflicht ›droht‹.

Gegenüber Großeltern/Enkel beträgt der Selbstbehalt mindestens 1 400 Euro.

Gegenüber Ehegatten gilt grundsätzlich der Ehegattenmindestselbstbehalt (= Eigenbedarf). Er beträgt in der Regel 1 000 Euro. Hierin sind Kosten für Unterkunft und Heizung in Höhe von 400 Euro enthalten.

Der Selbstbehalt kann im Einzelfall angepasst werden. So kann beim Verwandtenunterhalt der jeweilige Selbstbehalt unterschritten werden. Das ist möglich, wenn der eigene Unterhalt des Pflichtigen ganz oder teilweise durch seinen Ehegatten gedeckt ist. Das bedeutet, dass ein Unterhaltspflichtiger, der erneut geheiratet hat, mehr Unterhalt zahlen muss, da sein Lebensbedarf teilweise durch seinen neuen Partner gedeckt ist.

Wenn das Geld nicht reicht: der Mangelfall

Ein absoluter Mangelfall liegt vor, wenn das Einkommen des Verpflichteten zur Deckung seines notwendigen Selbstbehalts und der gleichrangigen Unterhaltsansprüche der Kinder nicht ausreicht. Zur Feststellung des Mangelfalls entspricht der einzusetzende Bedarf für minderjährige Kinder dem Zahlbetrag, der aus der ersten Einkommensgruppe entnommen werden kann.

Die nach Abzug des notwendigen Selbstbehalts des Unterhaltspflichtigen verbleibende Verteilungsmasse ist anteilig auf alle gleichrangigen unterhaltsberechtigten Kinder im Verhältnis ihrer Unterhaltsansprüche zu verteilen. Die prozentuale Kürzung berechnet sich nach der Formel:

$$K = V : S \times 100$$

K = prozentuale Kürzung
S = Summe der Einsatzbeträge aller Berechtigten
V = Verteilungsmasse (Einkommen des Verpflichteten abzüglich Selbstbehalt)

Rechenbeispiel zum Mangelfall

Additionsmethode

Der Verpflichtete M hat ein bereinigtes Nettoerwerbseinkommen von 2 000 Euro sowie Zinseinkünfte von 300 Euro. Seine Ehefrau F hat ein bereinigtes Nettoerwerbseinkommen von 1 000 Euro. Sämtliche Einkünfte sind prägend.

Anspruch der F:

Bedarf: ½ (9/10 x 2 000 Euro + 300 Euro + 9/10
x 1 000 Euro) = 1 500 Euro

Höhe: 1 500 Euro – 9/10 x 1 000 Euro = 600 Euro

Absoluter Mangelfall

Der unterhaltspflichtige Vater V hat ein bereinigtes Nettoeinkommen von 1 500 Euro. Unterhaltsberechtigt sind ein 18-jähri-
ges Kind K1, das bei der Mutter M lebt und aufs Gymnasium
geht, und die beiden minderjährigen Kinder K2 (14 Jahre) und
K3 (10 Jahre), die von der Mutter betreut werden. Das Kindergeld
von 462 Euro wird an die Mutter ausbezahlt, deren sonstiges Einkommen unter 900 Euro liegt.

Unterhaltsberechnung gemäß Nr. 23.1

Mangels Leistungsfähigkeit der Mutter alleinige Barunterhalts-
pflicht von V für alle Kinder.

Bedarf K1: 408 Euro (DTab Gruppe 1, 4. Altersstufe)
– 154 Euro Kindergeld
ergibt einen ungedeckten Bedarf
= Einsatzbetrag von 254 Euro

Bedarf K2: 365 Euro (DTab Gruppe 1, 3. Altersstufe)
– 77 Euro 1/2 Kindergeld
ergibt einen ungedeckten Bedarf
= Einsatzbetrag von 288 Euro

Bedarf K3: 322 Euro (DTab Gruppe 1, 2. Altersstufe)
– 77 Euro 1/2 Kindergeld
ergibt einen ungedeckten Bedarf
= Einsatzbetrag von 245 Euro

Summe der Einsatzbeträge:
254 + 288 + 245 = 787 Euro

Verteilungsmasse:
Einkommen 1500 Euro – Selbstbehalt 900 Euro = 600 Euro

Prozentuale Kürzung:
600/787 x 100 = 76,24 %

Berechnung der gekürzten Unterhaltsansprüche:
K1: 254 Euro x 76,24 % = 194 Euro;
zum Leben verfügbar also 194 + 154 = 348 Euro;
K2: 288 Euro x 76,24 % = 220 Euro;
zum Leben verfügbar also 220 + 77 = 297 Euro;
K3: 245 Euro x 76,24 % = 187 Euro;
zum Leben verfügbar also 187 + 77 = 264 Euro.

5 | RAT UND HILFE

Der Stand der unten aufgeführten Adressen ist der 1. Mai 2008. Erfahrungsgemäß ändern sich Anschriften, Telefonnummern oder Internetadressen häufig, deshalb habe ich nur einige wenige überregionale Adressen aufgeführt.

ISUV/VDU e. V. Interessenverband Unterhalt und
Familienrecht, Bundesgeschäftsstelle
Postfach 21 01 07, 90119 Nürnberg
Tel.: 0911/55 04 78, 0911/53 56 81
Fax: 0911/53 30 74
Internet: www.isuv.de
E-Mail: info@isuv.de

Väteraufbruch für Kinder e. V. – Bundesgeschäftsstelle –
Palmental 3, 99817 Eisenach
Tel.: 0700/82 83 77 83
Fax: 0700/82 83 73 29
Internet: www.vafk.de
E-Mail: info@vafk.de

VÄTER FÜR KINDER e.V.
Postfach 12 28
85730 Ismaning
Internet: www.vaeterfuerkinder.de
E-Mail: webmaster@vaeterfuerkinder.de

KAPITEL 5

Wenn Sie therapeutische Hilfe brauchen

Bei psychischen Konflikten, die nach der Trennung entstehen, ist in vielen Fällen eine Psychotherapie ratsam. Der Psychotherapie-Informations-Dienst (PID) hilft bundesweit kostenlos bei der Suche nach dem richtigen Psychotherapeuten und der richtigen Psychotherapie. Der PID wird von der Wirtschaftsdienst GmbH, einer Tochtergesellschaft des Berufsverbandes Deutscher Psychologinnen und Psychologen, betrieben. Neben der Suche im Internet besteht die Möglichkeit, sich an die telefonische Beratung des PID zu wenden. Diplom-Psychologen beraten am Telefon und geben anhand der gewünschten oder der in der Telefonberatung entwickelten Kriterien kostenlos Auskunft über die möglichen Behandlungsangebote in einer Region.

Persönliche Telefonberatung: 02 28/74 66 99
Montag, Dienstag, Donnerstag und Freitag 9–12 Uhr
sowie Montag und Donnerstag 13–16 Uhr
Internet: www.psychotherapiesuche.de

Literaturtipps (in alphabetischer Reihenfolge)

Gerhard Amendt: Scheidungsväter. Wie Männer die Trennung von ihren Kindern erleben, Campus Verlag 2006, ISBN 3-5933-8216-4; 24,90 Euro

Helmuth Figdor: Scheidungskinder – Wege der Hilfe, Psychosozial-Verlag 1998, ISBN 3-9321-3309-9; 22,90 Euro

Ursula Kodjoe und Simone Wiestler: Die psychosoziale Situation nichtsorgeberechtigter Väter, Studie für das Psychologische Institut der Albert-Ludwigs-Universität Freiburg 1994; diese Studie ist kostenlos erhältlich als Download, anzufordern bei www.paPPa.com

Roman Leuthner, Mila Golubtsova: Deine Kinder – meine Kinder. Wie Patchwork-Familien eine stabile Gemeinschaft werden, Gütersloher Verlagshaus 2007, ISBN 3-5790-6431-2; 14,95 Euro

Anneke Napp-Peters: Familien nach der Scheidung, Verlag Antje Kunstmann 1995, ISBN 3-8889-7159-4; 14,90 Euro

Horst Petri: Das Drama der Vaterentbehrung, Herder-Verlag 1999, ISBN 3-4510-5769-7; 9,90 Euro

IDEENREICH

Mit Kindern kreativ sein

Besuchen Sie das Ideenreich und entdecken Sie, was man aus Pappkartons, Joghurtbechern, Wäscheklammern, Blechdosen, Korken, Steinen, Stöcken und Stoffen alles machen kann. Viele außergewöhnliche Bastelideen machen Lust auf das gemeinsame Bauen, Kleben, Malen, Nähen und Selbermachen.

Sabine Bohlmann führt auf einfühlsame Weise vor, wie viel kreatives Potenzial in jedem von uns und besonders in unseren Kindern steckt.

Sabine Bohlmann
Ideenreich
Mit Kindern kreativ sein
144 Seiten, Broschiert
ISBN 978-3-8025-1760-0

Im Handel oder auf www.vgs.de

ww.vgs.de

EGMONT Verlagsgesellschaften